SÉRIE EXCELÊNCIA EM JORNALISMO

SILVIA VALIM (ORG.)

Aline de Oliveira Rios

Dirk Lopes

Produção de texto em TV:
da pauta à transmissão

inter
saberes

Rua Clara Vendramin, 58 . Mossunguê
CEP 81200-170 . Curitiba . PR . Brasil
Fone: (41) 2106-4170
www.intersaberes.com
editora@intersaberes.com

Conselho editorial
Dr. Ivo José Both (presidente)
Drª Elena Godoy
Dr. Neri dos Santos
Dr. Ulf Gregor Baranow

Editora-chefe
Lindsay Azambuja

Gerente editorial
Ariadne Nunes Wenger

Assistente editorial
Daniela Viroli Pereira Pinto

Preparação de originais
Ana Maria Ziccardi

Edição de texto
Palavra do Editor
Mycaelle Albuquerque Sales

Capa e projeto gráfico
Charles L. da Silva

Diagramação
Renata Correia

Equipe de *design*
Débora Gipiela
Charles L. da Silva

Iconografia
Sandra Lopis da Silveira
Regina Claudia Cruz Prestes

Dados Internacionais de Catalogação na Publicação (CIP)
(Câmara Brasileira do Livro, SP, Brasil)

Rios, Aline de Oliveira
    Produção de texto em TV: da pauta à transmissão/Aline de Oliveira Rios, Dirk Lopes; Silvia Valim (org.). Curitiba: InterSaberes, 2021. (Série Excelência em Jornalismo)

    Bibliografia.
    ISBN 978-65-5517-943-9

    1. Telejornalismo 2. Textos – Produção 3. Textos jornalísticos I. Lopes, Dirk. II. Valim, Silvia. III. Título. IV. Série.

21-55734   CDD-070.195

Índices para catálogo sistemático:
1. Telejornalismo 070.195

Cibele Maria Dias – Bibliotecária – CRB-8/9427

1ª edição, 2021.

Foi feito o depósito legal.

Informamos que é de inteira responsabilidade dos autores a emissão de conceitos.

Nenhuma parte desta publicação poderá ser reproduzida por qualquer meio ou forma sem a prévia autorização da Editora InterSaberes.

A violação dos direitos autorais é crime estabelecido na Lei n. 9.610/1998 e punido pelo art. 184 do Código Penal.

Sumário

6   *Apresentação*
10 *Como aproveitar ao máximo este livro*

Parte 01
15 **Sobre a televisão**

Capítulo 01
16 **Televisão e jornalismo**
17 1.1 Do rádio para a TV
22 1.2 Aspectos em comum
25 1.3 O telejornalismo
26 1.4 A notícia na TV: características
42 1.5 A importância de planejar as imagens
43 1.6 O jornalista precisa se preocupar com a audiência?

Capítulo 02
55 **O texto no telejornalismo**
56 2.1 Gêneros e formatos no telejornalismo
74 2.2 Características do texto de TV
87 2.3 Cuidados na produção textual em telejornalismo
94 2.4 Texto *versus* imagem: uma relação equilibrada

Parte 02
105 **Processos jornalísticos em TV**

Capítulo 03
106 **Hierarquia, apuração e produção**
- **108** 3.1 Funções no telejornalismo
- **115** 3.2 A importância da pauta na TV
- **125** 3.3 Procedimentos de apuração

Capítulo 04
141 **A reportagem na TV**
- **143** 4.1 Com a pauta na mão: o que fazer?
- **144** 4.2 A entrevista
- **148** 4.3 Como elaborar o roteiro

Capítulo 05
180 **Edição e apresentação**
- **182** 5.1 Edição: reta final da produção
- **184** 5.2 Quando texto e imagem se fundem
- **201** 5.3 A apresentação e os imprevistos no telejornal

Parte 03
227 **Futuro do telejornalismo**

Capítulo 06
228 **Inovar para sobreviver: breve comentário**
- **230** 6.1 Atividade em processo de mudança
- **234** 6.2 Inovações na reportagem
- **242** 6.3 O telejornal fora da TV

249   *Considerações finais*
253   *Referências*
259   *Respostas*
270   *Sobre os autores*

Apresentação

Entender como funciona o mundo do telejornalismo é um passo extremamente relevante para a carreira de qualquer jornalista. E isso não é à toa, pois as emissoras de TV ainda se constituem em importantes espaços de atuação profissional no país, com oportunidades de reconhecimento e crescimento pessoal.

Pensando na necessidade de preparar melhor os futuros jornalistas para a atuação nas emissoras de televisão e em outros espaços de produção audiovisual é que o livro *Produção de texto em TV: da pauta à transmissão* foi escrito. O principal objetivo desta obra é abordar a importância do texto em telejornalismo, mas sem deixar de lado a necessidade de compreender as características da TV, bem como os processos de produção de conteúdo a ela relacionados. Sem essa perspectiva mais ampla, é difícil entender a dinâmica e a relevância do texto no âmbito do trabalho jornalístico em uma televisão.

Além de compartilhar conhecimentos sobre a prática do telejornalismo, esta obra também busca qualificar os jornalistas em formação – muitos, até mesmo, já dispõem de conhecimentos prévios ou já trabalham na área de alguma forma – para que tenham condições de atuar no dia a dia do jornalismo de TV sem que a produção textual se torne uma tarefa complicada. Considerando-se os processos envolvidos na produção de conteúdo jornalístico, o leitor perceberá que cada etapa de trabalho em um telejornal é relevante para que texto e imagem ajudem a construir o universo levado diariamente ao público.

Além dessa compreensão, a preparação do futuro profissional de audiovisual também exige o desenvolvimento de múltiplas habilidades, como a de produção textual, o domínio de técnicas de reportagem e a constante adaptação da prática em face das sempre novas tecnologias, assim como, e principalmente, a percepção de que o jornalismo desempenha um papel específico em relação à promoção da cidadania e à vida em sociedade – aspectos que também serão pontuados ao longo das próximas páginas.

Para que o leitor tenha uma ideia da importância do telejornalismo e da produção audiovisual, destacamos a divulgação, em março de 2020, pelo Instituto Kantar Ibope Media, do estudo *Inside TV: experiência, influência e as novas dimensões do vídeo*. O material atesta que o conteúdo em vídeo é o favorito entre os telespectadores brasileiros, sendo consumido por 99% da população. Além disso, o documento revela que, nos últimos cinco anos, o tempo médio de consumo de TV aumentou em 34 minutos e que a busca por conteúdos jornalísticos chega a 18,8% entre as pessoas que integraram a pesquisa.

Ainda no mesmo estudo, o Kantar Ibope Media aponta a diversificação dos formatos de transmissão em vídeo acessados pelo público: desde a tradicional TV aberta até os serviços como TV pela internet, *pay-TV*, a partir de *websites*, aplicativos para troca de mensagens, entre outros.

Estamos, portanto, diante de vários processos de mudança, por isso é preciso buscar, constantemente, meios para inovar a atividade e fortalecer os laços de credibilidade com os consumidores de telejornalismo, um público que, a cada dia, também vem alcançando novo protagonismo no ecossistema midiático.

Diante desse contexto, observamos que, apesar de estar em curso um processo de transformação no perfil dos consumidores de conteúdos da mídia, a TV ainda tem forte presença e influência no cenário brasileiro. Isso nos leva a crer que a televisão não "morrerá", tampouco o telejornalismo. Logo, continua sendo pertinente investir no aprimoramento profissional para a atuação em telejornais ou em meios audiovisuais.

Vale notar ainda que a capacidade de inovação tem sempre como base uma boa compreensão do cenário em que o jornalista se coloca. Em outras palavras: não há como atuar adequadamente ou mesmo propor novos formatos e linguagens para o telejornalismo sem um sólido conhecimento a respeito do que o estrutura.

Buscando-se abarcar todas as nuances já elencadas, o conteúdo deste livro foi organizado em três partes. A primeira, "Sobre a televisão", é composta de dois capítulos. No Capítulo 1, estão reunidas informações sobre fundamentos da televisão, notícias na TV, características e funções desse meio. No Capítulo 2, o material avança sobre aspectos relacionados à produção textual no telejornalismo.

Na segunda parte, "Processos jornalísticos em TV", apresentamos informações sobre as fases de produção no telejornalismo. No Capítulo 3, os temas são produção e apuração. A reportagem é o objeto do Capítulo 4, e as etapas de edição e de apresentação são tratadas no Capítulo 5. Em cada um desses capítulos, estão contemplados conhecimentos de ordem técnica, textual e de imagem, porque, no cotidiano, todas elas se apresentam de forma articulada.

Na terceira parte, "Futuro do telejornalismo", composta pelo Capítulo 6, propomos algumas reflexões a respeito do atual cenário do jornalismo em TV, marcado por processos de convergência e forte midiatização, configurando-se como um desafio para os profissionais no sentido de desenvolver novas e múltiplas habilidades.

Apesar da complexidade que se coloca em qualquer tentativa de projetar cenários para a atividade jornalística atualmente, a expectativa é apresentar um panorama sobre o telejornalismo aos futuros profissionais.

Longe de encerrar o aprendizado, o que esperamos é que os conhecimentos aqui compartilhados sirvam como provocações e incentivo ao desenvolvimento de posturas críticas e ativas por parte daqueles que terão a missão de fundar ou moldar o futuro da profissão.

Como aproveitar
ao máximo este livro

Empregamos nesta obra recursos que visam enriquecer seu aprendizado, facilitar a compreensão dos conteúdos e tornar a leitura mais dinâmica. Conheça a seguir cada uma dessas ferramentas e saiba como estão distribuídas no decorrer deste livro para bem aproveitá-las.

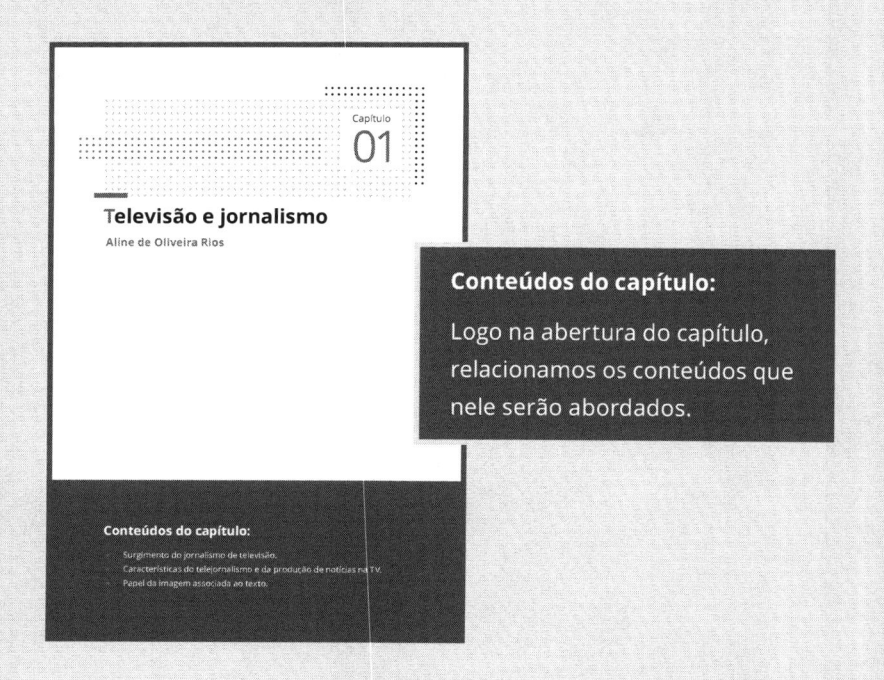

Capítulo
01

Televisão e jornalismo
Aline de Oliveira Rios

Conteúdos do capítulo:
Logo na abertura do capítulo, relacionamos os conteúdos que nele serão abordados.

Conteúdos do capítulo:
Surgimento do jornalismo de televisão.
Características do telejornalismo e da produção de notícias na TV.
Papel da imagem associada ao texto.

Produção de texto em TV: da pauta à transmissão

Após o estudo deste capítulo, você será capaz de:

1. dominar as técnicas do texto jornalístico para a televisão;
2. desenvolver seu trabalho de ancorar o texto às imagens;
3. identificar os principais obstáculos enfrentados no cotidiano de quem escreve para a TV.

A imagem pode ter muita importância no jornalismo de televisão, mas o elemento que viabiliza a compreensão das notícias pela audiência é o texto. Entre as principais características do texto jornalístico de TV, como já apontamos, está a necessidade de o elemento textual ser coloquial, preciso, claro, objetivo, informativo, pausado e neutro. No entanto, a apresentação de uma notícia não é a única forma de produzir um texto para a televisão. Além disso, a produção textual atua como elo entre as várias etapas do processo de produção de um telejornal.

2.1 Gêneros e formatos no telejornalismo

No jornalismo de televisão, o texto simples, direto e com linguagem coloquial visa à compreensão correta das informações e notícias pelo público. Esses cuidados precisam estar presentes ainda no momento de elaboração da reportagem, ou seja, quando a equipe está gravando as imagens, as entrevistas e também a passagem.

Após o estudo deste capítulo, você será capaz de:

Antes de iniciarmos nossa abordagem, listamos as habilidades trabalhadas no capítulo e os conhecimentos que você assimilará no decorrer do texto.

O texto no telejornalismo

Para saber mais

VEJA a crônica de Francisco José sobre jornalismo. Jornal das Dez. Brasília: Globo News, 2 nov. 2019. Telejornal. Disponível em: <g1.globo.com/globo-news/jornal-das-dez/videos/v/veja-a-cronica-de-francisco-jose-sobre-jornalismo/6567360/>. Acesso em: 10 dez. 2020.

O jornalista Francisco José, que atua na Rede Globo de Televisão e no canal GloboNews, produziu uma crônica sobre jornalismo para o *Jornal das Dez*. O material foi ao ar no dia 2 de novembro de 2019. Atente para a maneira como o jornalista constrói o texto, que parece complementar o sentido produzido pelas imagens. Observe o uso de adjetivos, a elaboração de questionamentos ao longo da crônica e a forma como o jornalista apresenta algumas informações para situar o telespectador em relação às imagens utilizadas.

JORNAL DA CULTURA. São Paulo: TV Cultura, 1º abr. 2019. Telejornal. Disponível em: <https://www.youtube.com/watch?v=8nu7Wi6oUwA>. Acesso em: 11 jan. 2021

O *Jornal da Cultura* costuma apresentar comentários da jornalista Thaís Herédia sobre temas atuais ao longo de suas edições. No dia 1º de abril de 2019, entre outros comentários, a profissional abordou a polêmica envolvendo discussões em relação à ditadura militar no Brasil. É interessante observar como, usando uma linguagem acessível, a jornalista parte de compreensões do senso comum e as articula com fatos históricos e informações para apresentar uma visão crítica sobre o tema. O trecho está entre 13'10" e 15'10".

Para saber mais

Sugerimos a leitura de diferentes conteúdos digitais e impressos para que você aprofunde sua aprendizagem e siga buscando conhecimento.

Produção de texto em TV: da pauta à transmissão

Estudo de caso

Nesta seção, relatamos situações reais ou fictícias que articulam a perspectiva teórica e o contexto prático da área de conhecimento ou do campo profissional em foco com o propósito de levá-lo a analisar tais problemáticas e a buscar soluções.

Importante

Algumas das informações centrais para a compreensão da obra aparecem nesta seção. Aproveite para refletir sobre os conteúdos apresentados.

Síntese

Ao final de cada capítulo, relacionamos as principais informações nele abordadas a fim de que você avalie as conclusões a que chegou, confirmando-as ou redefinindo-as.

Questões para revisão

Ao realizar estas atividades, você poderá rever os principais conceitos analisados. Ao final do livro, disponibilizamos as respostas às questões para a verificação de sua aprendizagem.

Síntese

As principais características do texto telejornalístico são o uso de uma linguagem audiovisual, pois os textos são escritos para serem falados e ouvidos em articulação com as imagens; a compreensão de que o público dos telejornais é vasto e diversificado, portanto exige que essas distinções sejam contempladas nas produções; o respeito pelo público, inclusive em relação às condições de compreensão das notícias; e o tom de conversa com que as informações devem ser veiculadas.

Além disso, quando se escreve um texto para transmitir uma notícia em um programa de rádio, é preciso ter em mente outros aspectos básicos: objetividade, domínio da língua que está sendo usada, clareza e concisão. Em outras palavras, é necessário repassar a informação de maneira objetiva e simples. Em radiojornalismo e na TV, o texto é escrito para ser falado e, portanto, ouvido.

Assim como acontece no rádio, a notícia na TV precisa ser marcada pela instantaneidade, ou seja, pela capacidade de ser assimilada e compreendida "de primeira". Em outras palavras, deve-se fazer com que a audiência entenda aquilo que está sendo exibido e falado no mesmo momento em que a notícia é veiculada.

---

discretamente dentro da orelha de quem apresenta o programa. É através dele que o diretor ou o editor-chefe consegue se comunicar com quem está no estúdio.

Como vimos, cada etapa de produção de um telejornal está ligada à próxima, portanto a melhor opção é compartilhar as decisões com o conjunto da equipe. Se você é do pessoal da "planície" (Barbeiro; Lima, 2005), sempre poderá chegar das gravações com alguma ideia inusitada ou, então, trazendo apontamentos relevantes do público. Se você está no "topo da montanha", sempre terá algo novo a aprender. Guardemos bem esta mensagem: não se faz jornalismo em TV sozinho.

Questões para revisão

1. Com base no conteúdo abordado neste capítulo, assinale a alternativa que corresponde corretamente ao processo de edição de reportagens:
   a) A edição é o momento em que é montado o programa de TV, quando são encaixados os materiais disponíveis na grade.
   b) No processo de edição, os editores de texto e de imagem trabalham em conjunto com os produtores.
   c) É o editor de imagem quem tem a palavra final sobre o que vai ou não para o ar.
   d) Durante o processo de edição, é possível filtrar quais materiais têm e quais não têm condições de serem finalizados e levados à exibição para o público.
   e) A edição jamais pode vetar a exibição de um material finalizado pela reportagem.

d) O personagem ajuda a humanizar as reportagens e gera identificação com o público.

Considerando as afirmativas listadas, assinale a alternativa correta:

a) Todas as afirmativas estão corretas.
b) Somente as afirmativas I e II estão corretas.
c) Somente as afirmativas I e III estão corretas.
d) Somente as afirmativas II e III estão corretas.
e) Nenhuma das afirmativas está correta.

Questão para reflexão

1. Vamos imaginar que você é o jornalista responsável por editar uma reportagem sobre mulheres que sobreviveram a situações de violência protagonizadas por ex-companheiros. Para fechar o material, você vai contar com entrevistas de cinco personagens: uma assistente social, uma advogada da Comissão de Mulheres da Ordem dos Advogados do Brasil, uma mulher que mudou de cidade depois de sobreviver às frequentes agressões do ex-marido, uma delegada e uma idosa viúva que explica como a cultura de "sua época" levava as mulheres a conviver com a violência. Na pauta, não havia nenhuma indicação de restrição de áudio ou imagens e a equipe também não fez nenhuma captação impedindo a identificação das fontes. Você fecha o VT normalmente ou irá fazer alguma modificação em relação ao planejamento original? Não esqueça sobre as recomendações éticas com relação à escolha de personagens para o VT. Justifique sua resposta.

Questões para reflexão

Ao propormos estas questões, pretendemos estimular sua reflexão crítica sobre temas que ampliam a discussão dos conteúdos tratados no capítulo, contemplando ideias e experiências que podem ser compartilhadas com seus pares.

Parte 01

Sobre a televisão

Capítulo
01

Televisão e jornalismo

Aline de Oliveira Rios

Conteúdos do capítulo:

- Surgimento do jornalismo de televisão.
- Características do telejornalismo e da produção de notícias na TV.
- Papel da imagem associada ao texto.

Após o estudo deste capítulo, você será capaz de:

1. dominar as técnicas necessárias para transmitir as informações e as notícias para um público vasto e diversificado;
2. compreender quais são os principais aspectos característicos das notícias de TV;
3. reconhecer a importância do texto e como ele se insere na produção telejornalística.

Ao longo deste primeiro capítulo, vamos refletir sobre o processo que marcou o surgimento do jornalismo de televisão, cuja linguagem tem origem no rádio. Além de abordarmos os principais aspectos referentes ao telejornalismo e à produção de notícias na TV, também discutiremos o papel fundamental que a imagem associada ao texto exerce na produção de sentido no jornalismo audiovisual.

1.1
Do rádio para a TV

Conhecer o mundo do jornalismo de televisão e, em especial, os elementos que o compõem é apaixonante e, ao mesmo tempo, desafiador. Produzir jornalismo na TV implica ter sensibilidade para as emoções e nuances captadas pelas câmeras e, simultaneamente, contar com habilidades técnicas específicas.

Como mencionamos na "Apresentação", a televisão é considerada um veículo bidimensional. Essa definição se aplica porque ela reúne a possibilidade de transmitir informações e notícias integrando imagens e sons.

Além dessa linguagem audiovisual, o jornalismo televisivo também é marcado pela coloquialidade na maneira de comunicar. Expressar-se em uma linguagem coloquial, portanto cotidiana, significa estar mais próximo dos telespectadores por meio de um modo de falar simples e compreensível. É como se, todos os dias, os jornalistas "entrassem na televisão" para contar às pessoas questões importantes sobre a política, a economia e a vida em geral, em tom de conversa.

Outro aspecto importante é o papel das imagens no jornalismo de TV. Graças ao avanço da tecnologia, tornou-se possível encurtar as distâncias, ampliando a visão de quem não teria condições ou oportunidade de testemunhar os fatos com os próprios olhos. Os acontecimentos não são mais apenas contados, é possível trazê-los à luz, desnudá-los diante da audiência, principalmente nas transmissões ao vivo.

As imagens, entretanto, não dizem tudo por si quando se trata de telejornalismo. O texto é fundamental no ofício de contar histórias e narrar o cotidiano. Tal como ocorre no rádio, o jornalismo de TV se faz compreender por meio da oralidade, pela forma como relata as questões que despertam o interesse do público. Em uma frase, ou podemos ganhar credibilidade como profissionais e conquistar a audiência, ou podemos colocar tudo a perder. Em outras palavras, a maneira como nos preparamos para exercer esse ofício faz toda a diferença.

Primeiramente, convém definir o que é a televisão. Trata-se de um meio de comunicação, de uma empresa ou de um eletrodoméstico? Qual é a relação entre a TV, o jornalismo e o telejornalismo? Qual é o papel do rádio nessa história? Todas essas questões nos levam a refletir sobre o que esse aparelho representa para a atual sociedade, especialmente no contexto brasileiro.

A pesquisadora Ana Carolina Rocha Pessôa Temer (2014) destaca que é preciso ampliar a noção inicial de que a televisão funciona, simplesmente, como uma "janela para o mundo":

> A televisão é uma tecnologia, ao mesmo tempo, expressiva em sua materialidade e opressiva no sentido de não permitir interferência do receptor na relação produção veiculação da mensagem. Em termos práticos, trata-se de um aparelho único: ao mesmo tempo **eletrodoméstico**, cuja posse confere *status* para famílias e indivíduos, feixe de luz para o qual converge o olhar dos que estão próximos, mas também vetor de acesso à informação, ao lazer, à cultura e a todo um conjunto de conteúdos que oscila entre dados sobre o que há de mais atual (ou mais avançado?) em ciência e tecnologia, informações essenciais para a relação do indivíduo com o Estado e com a própria comunidade onde vive [...]. (Temer, 2014, p. 164, grifo do original)

No caso brasileiro, também é preciso observar que a história da TV se confunde com a da comunicação radiofônica, visto que uma tecnologia abriu espaço para a implantação da outra. A primeira transmissão de rádio aconteceu em 1922, quando o veículo surgiu, atingindo basicamente a elite.

Anos mais tarde, por volta de 1950, o rádio já estava estabelecido como um meio de comunicação massificado. No mesmo ano, aconteceu a primeira transmissão televisiva no Brasil. Em meio à desconfiança e a problemas estruturais, a TV levou algum tempo ainda para se consolidar no país. Como destaca Othon Jambeiro (2002, p. 53),

> Nos anos 50 a televisão era operada como uma extensão do rádio, de quem herdou os padrões de produção, programação e gerência, envolvidos num modelo de uso privado e exploração comercial. Nos anos 60, a televisão começou a procurar seu próprio caminho, a adquirir processos de produção mais adequados às suas características enquanto meio e transformou-se assim no poderoso veículo de transmissão de ideias e venda de produtos e serviços que é hoje.

Rádio e televisão guardam essa origem comum e outras semelhanças que, como lemos na citação de Jambeiro, foram determinantes para que a TV brasileira se parecesse com uma rádio ilustrada em seus primeiros anos de existência. Sobre esse assunto, Otávio José Klein (2013, p. 19), citando Eliseo Verón, reitera que, no início da televisão no Brasil, "a informação era transmitida por comunicadores que vinham do rádio e a repassavam sob a estratégia da oralidade".

Ainda sobre a oralidade, Cárlida Emerim (2010, p. 5) observa que, quando a televisão surgiu no Brasil, havia uma estreita relação desta com a produção radiofônica, "o telejornalismo, que já nasceu junto com a tevê, estruturou-se com base nessa modalidade [do rádio] que enfatiza a oralidade mais do que a visibilidade".

Com essa particularidade relativa à comunicação oral, herdada do rádio, os primórdios do jornalismo na TV se resumiam à imagem do apresentador (geralmente, ex-radialista ou ainda radialista também) olhando ora para o texto sobre a bancada, ora para a câmera, com um forte acento na entonação e "grau zero" em termos de expressão (Verón citado por Klein, 2013, p. 19). Ainda segundo Emerim (2010), o tom de voz "mais dramático e enfático" usado nos primórdios da televisão também foi herdado do rádio.

Para saber mais

MATTOS, S. **História da televisão brasileira**: uma visão econômica, social e política. 2. ed. Petrópolis: Vozes, 2002.
A história da televisão no Brasil está descrita nessa obra de Sérgio Mattos. Além de trazer as informações do contexto relacionado ao assunto, o autor faz apontamentos críticos sobre a popularização televisiva no país.

MEMÓRIAS CINEMATOGRÁFICAS. **Quase televisão, a invenção da TV a chegada ao Brasil (e a América Latina)**. 3 mar. 2020. Disponível em: <https://www.youtube.com/watch?v=mH_31qfb3sg>. Acesso em: 11 jan. 2021.
Esse breve documentário é interessante para observar imagens da época e para compreender o contexto da inserção da televisão na América do Sul.

1.2
Aspectos em comum

Fora do âmbito histórico, outra característica comum entre o rádio e a televisão é a instantaneidade, uma vez que, nos dois meios, as notícias precisam ser compreendidas e assimiladas no exato momento em que estão sendo transmitidas. É preciso fazer-se entender "de primeira" (Paternostro, 1987), já que não é possível acionar um controle qualquer nos aparelhos eletrônicos e fazer com que o texto seja repetido até que o ouvinte ou telespectador tenha conseguido entender exatamente do que ele trata.

Enquanto no rádio (considerando-se os moldes tradicionais, mas isso vem mudando) só é possível contar com a audição para assegurar o contato com a audiência, a utilização de imagens nas transmissões televisivas não é garantia de que as pessoas fiquem sentadas em frente ao aparelho de TV, com atenção plena, o tempo todo. Isso seria uma grande ilusão, especialmente em tempos de redes sociais ao alcance de um toque no *smartphone*.

Se o telespectador estiver em casa, por exemplo, poderá distrair-se facilmente olhando algo no computador e/ou no celular. Por essa razão, é importante produzir textos claros, que sejam entendidos quase que instantaneamente e com forte potencial atrativo. A informação deve chegar ao público sem que o repórter ou o texto deem voltas, isto é, é preciso ser objetivo e o mais simples possível.

Dessa maneira, se a pessoa estiver longe da TV e ouvir algo que lhe interessa, terá condições de se sentar em frente à televisão e acompanhar a reportagem e/ou transmissão sem qualquer prejuízo ao entendimento. Do contrário, caso não consiga identificar rapidamente o tema da matéria ou a julgue muito confusa, poderá optar por mudar de canal ou, simplesmente, desligar o aparelho eletrônico. Nesse caso, lá se foi o tão almejado contato com o público.

Por essas razões, o uso de **frases curtas** – uma das características do texto televisivo – é uma das maneiras de garantir que as mensagens sejam mais enxutas, conferindo agilidade ao texto e rompendo com a monotonia da narrativa. Assim, é possível comunicar com clareza e concisão: é necessário ter em mente o que se quer informar e dizer isso de forma clara, além de resumir aquilo que precisa ser dito ao que é essencial.

Alfredo Vizeu (2002) enfatiza que as características estabelecidas em torno dos textos jornalísticos para a televisão têm um propósito bem definido. De acordo com o autor, a clareza adotada na produção textual para a TV também funciona como uma maneira de garantir que as informações cheguem à audiência com o mínimo de qualidade – no que se refere tanto à apresentação quanto à compreensão.

Guilherme Jorge de Rezende (2000) menciona outro aspecto importante e que viabiliza uma ponte entre as produções jornalísticas de rádio e de televisão: a capacidade de abolir a barreira do tempo. "Imediatos, rádio e televisão noticiam os fatos no mesmo tempo em que eles ocorrem. Tem-se, então, a possibilidade de eliminar o intervalo que separa o acontecimento de sua divulgação pela mídia" (Rezende, 2000, p. 70).

Rádio e televisão têm, portanto, uma série de particularidades que os definem e aproximam. Por acabarem com o intervalo de tempo que separa o ato de noticiar da ocorrência de um fato jornalístico em si, percebem-se a capacidade e a potencialidade que ambos asseguram de atualizar as notícias, praticamente em tempo real (muitas vezes, efetivamente, em tempo real), o que significou uma grande revolução em termos jornalísticos[1].

Em razão de as linguagens do rádio e da TV apresentarem tantos aspectos em comum, o principal ponto de distinção entre as duas reside na preocupação com as imagens – o que não existe no radiojornalismo[2].

---

1 Não podemos esquecer que, nos primeiros anos, o jornalismo de TV era transmitido ao vivo dos estúdios, ou seja, no exato momento em que era apresentado. Entretanto, essa transmissão ao vivo, ainda em preto e branco, era bastante limitada em face da incapacidade e da dificuldade de levar a estrutura da televisão até os locais em que a notícia acontece.
2 É importante observar, aqui, que a preocupação com a imagem não existe no radiojornalismo praticado nos moldes convencionais. Contudo, as novas experiências no campo do rádio, especialmente as realizadas com o suporte da internet, têm, cada vez mais, investido na utilização de novos elementos, como as imagens.

Para saber mais

MEDITSCH, E. A nova era do rádio: discurso do radiojornalismo como produto intelectual eletrônico. In: DEL BIANCO, N. R.; MOREIRA, S. V. (Org.). **Rádio no Brasil**: tendências e perspectivas. Rio de Janeiro: EdUERJ; Brasília: Ed. da UnB, 1999. p. 109-130.

Como apontamos, o surgimento da televisão, assim como o do rádio, não foi assimilado instantaneamente pela sociedade. Para conhecer mais informações sobre essa questão, indicamos o texto de Eduardo Meditsch, que mostra como o radiojornalismo teve suas primeiras referências no trabalho da imprensa escrita. Além de tratar da construção da linguagem dos radiojornais e de sua busca pela credibilidade, passando por aspectos como a importância da voz, o autor também indica pontualmente relações entre a linguagem radiofônica e a adotada na televisão.

1.3
O telejornalismo

A compreensão sobre o que pode ser considerado como um produto telejornalístico – em meio a tudo o que é produzido em uma emissora de televisão – passa pela necessidade de refletirmos sobre o jornalismo, que, além de se configurar como uma prática profissional (Groth, 2011), é caracterizado também pelo que representa para a sociedade. Nesse sentido, Nelson Traquina (2005) define o jornalismo como uma atividade intelectual destinada a informar, cujo principal produto é a notícia.

Para Temer (2014, p. 185), conforme o nome sugere, *telejornalismo* é o mesmo que "jornalismo na televisão":

> Em termos amplos, isso significa que o telejornalismo deve adaptar a linguagem televisiva (ou aos limites impostos pelo veículo) aos princípios éticos e valorativos do jornalismo. Considerando a soma destes dois elementos, em uma linguagem simples, o telejornalismo pode ser definido como a prática de coletar informações sobre eventos atuais, redigir, editar e publicar essas informações de forma adaptada aos limites ou possibilidades da televisão.

Com base nessas considerações, concluímos que o telejornalismo se constitui em uma atividade específica que integra o "mundo maior" do jornalismo. Klein (2013, p. 101) sintetiza as questões apontadas na citação anterior frisando que o telejornalismo deve ser visto como um produto cultural "que segue, rigorosamente, processos industriais de produção que se afastam do local dos acontecimentos para serem construídos e apresentados nesse mercado televisivo".

1.4
A notícia na TV: características

Emerim (2012, p. 52) explica que *noticiar* é "tornar público". Essa vinculação da atividade jornalística à necessidade de publicizar informações é, para a autora, um elemento essencial do jornalismo:

a notícia traz, desde sempre, esse traço de divulgação pública. Uma das funções do noticiar é trazer o acontecimento para perto do destinatário da informação; por isso, a construção discursiva da notícia deve recorrer a estratégias que produzam efeitos de constatação [...] a notícia deve ter efeito de verdade (Emerim, 2012, p. 52).

Outros autores também se debruçaram sobre o conceito de notícia. Para Traquina (1999, p. 169), as notícias "são o resultado de um processo de produção, definido como a percepção, selecção e transformação de uma matéria-prima (os acontecimentos) num produto (as notícias)".

No entanto, quando se trata de produção telejornalística, não basta selecionar um acontecimento[3] para compor, instantaneamente, uma notícia. Emerim (2012) afirma que a definição sobre o que é noticiável implica mais exigências no campo televisivo. Segunda a autora, existem duas condições fundamentais para que um acontecimento se transforme em notícia para a TV: o **potencial das imagens** a serem gravadas e exibidas (elas podem ser até mesmo determinantes para que um fato seja noticiado) e **a possibilidade do emprego de tecnologia para transmissão simultânea**, ou seja, se o acontecimento poderá ou não ser objeto de uma transmissão ao vivo.

---

3   Para Miquel Rodrigo Alsina (2009, p. 139), o "acontecimento jornalístico é toda variação comunicada do ecossistema, através da qual seus sujeitos podem se sentir implicados". Em outras palavras, quando um fato rompe as normas da sociedade (leis ou comportamentos esperados), pode ser noticiado (é testemunhado por fontes, por exemplo) e afeta a vida das pessoas, pode ser considerado um acontecimento.

Em resumo, nas palavras de Temer (2014, p. 203): "o princípio básico do telejornalismo é fazer jornalismo a partir das possibilidades técnicas da televisão", mas sem perder de vista a dimensão que isso adquire em relação à vida das pessoas em geral.

Entretanto, além das questões técnicas, o telejornalismo também trabalha as notícias atentando para algumas características básicas, como: uso e compreensão da linguagem audiovisual; público vasto e diversificado; distintos níveis de compreensão; e a necessidade de apresentar as informações em tom de conversa.

A seguir, abordaremos alguns aspectos sobre cada um desses tópicos.

∴ Linguagem audiovisual

No jornalismo televisivo, a linguagem é audiovisual em função das particularidades desse meio de comunicação que, entre outros aspectos, é bidimensional, como já destacamos. Isso quer dizer que as informações chegam até a audiência pela combinação entre sons e imagens, estimulando, simultaneamente e de maneira direta, os sentidos humanos da visão e da audição. Essa característica mobiliza diferentes habilidades por parte dos profissionais que atuam na televisão.

Sobre essa questão, Ivor Yorke (1998, p. 106-107) registra: "A televisão é bidimensional. Junto com a imagem vai o som. Os 'sons naturais' – 'efeitos', neste contexto – geralmente são subutilizados pelos repórteres, que mal têm tempo de respirar, preferindo preencher cada segundo disponível com sua própria voz ou dos entrevistados".

Yorke segue destacando que o jornalista que souber aproveitar as oportunidades de fazer "uso dos sons naturais da vida" vai contar com uma qualidade extra como profissional. Para o autor, integrar sons e imagens em uma mesma reportagem requer conhecimento, muita sensibilidade e certa agilidade mental. O texto e a imagem precisam estar "casados" para a informação ser transmitida de maneira eficiente.

Um aspecto básico que deve ser conhecido por todo jornalista que queira investir em uma carreira na TV é **evitar a redundância**. Nunca se deve descrever no texto aquilo que o telespectador tem condições de interpretar observando as imagens (Paternostro, 1987, p. 50). Ao acompanhar um material com esse cunho, a monotonia é tanta que facilmente a audiência pode se desinteressar.

Por outro lado, a informação precisa ser transmitida de forma coerente: não se pode afirmar no texto de uma reportagem, por exemplo, que o Dia das Mães movimentou o comércio, se as imagens disponíveis para ilustrar a reportagem mostram apenas lojas com poucos compradores e ruas vazias. Além da incoerência, também seria um caso sério de desonestidade em relação aos telespectadores – o que fere ainda os parâmetros éticos que devem reger a prática jornalística.

Outro exemplo da dificuldade de coordenar o compasso entre imagem e som, ou seja, entre o texto e as cenas retratadas, é facilmente verificável em transmissões ao vivo. Nessas circunstâncias, há poucas condições de controle sobre o que se busca reportar à audiência e o que, de fato, pode vir a acontecer, exigindo muito mais do profissional.

Imagine que um repórter está em um *link*[4] sobre um assalto com tiroteio que acabou de acontecer em um *shopping*. É claro que o jornalista tem um texto previamente alinhado sobre o tema e entra no ar já preparado (quase sempre!). Porém, enquanto ele está ao vivo, uma forte movimentação policial surge por trás do repórter, e o fato, logicamente, torna-se visível no vídeo. O mínimo que se espera, nesse caso, é que a agitação mude o tom da transmissão. Contudo, se o profissional fizer de conta que não viu motivos para alterar seu "plano de voo", mantendo o texto previamente decorado, certamente vai decepcionar a audiência e arrumar problemas com a chefia.

A situação descrita é um exemplo do dinamismo envolvido na prática jornalística em televisão, especialmente em transmissões ao vivo, quando não é possível gravar novamente o conteúdo que é imediatamente levado à audiência. Como já mencionamos, o profissional precisa estar atento ao próprio texto e ao que está acontecendo ao seu redor, sempre se esforçando para levar as informações da maneira mais clara e honesta possível ao público.

O fato de atuar em um meio de comunicação audiovisual também exige do jornalista uma dose extra de preocupação com sua aparência, bem como com sua postura e capacidade de expressão oral. É preciso manter em dia os cuidados com a voz, o que demanda disciplina. Atualmente, existem emissoras de televisão

---

4   *Link*: termo usado para designar uma transmissão ao vivo, ou seja, no momento e no local em que a notícia está acontecendo. "É a ligação entre dois ou mais pontos para transmissão de sinais de imagem e som. Essa linha de transmissão é composta por antenas parabólicas ou pelo sistema digital. O mesmo que enlace" (Barbeiro; Lima, 2005, p. 166).

que mantêm em seus quadros profissionais responsáveis por oferecer esse suporte aos repórteres, como consultores de imagem e fonoaudiólogos.

Entretanto, se a empresa em que trabalha não tiver essa preocupação, nada impede que o jornalista busque essa ajuda profissional por conta própria. Em televisão, tendo em vista o peso da imagem e a necessidade de se comunicar com clareza e boa dicção, nunca é demais tentar assegurar que a voz e a aparência estejam em boas condições. Ambas são instrumentos profissionais.

Com relação à parte técnica do trabalho propriamente dito, ou seja, quando o assunto é "colocar a mão na massa", o audiovisual também requer mais habilidade do jornalista. Se alguém acha que basta concluir um curso de graduação em jornalismo e escrever bem para chegar a uma redação de TV, encerrar as gravações do dia e deixar o relatório de reportagem[5] na bandeja para o editor, engana-se.

Para que o resultado do "trabalho de rua" seja satisfatório, o repórter precisa conhecer todo o material bruto[6] de que dispõe. Podem ocorrer casos em que uma informação tenha de constar na matéria obrigatoriamente e, na hora de fechar o videoteipe (ou

---

5   Relatório de reportagem: texto em que o repórter registra o resultado do trabalho executado na rua ou em quaisquer outros locais de gravação. Nele constam informações como retranca ou nome da matéria; tipo de material (*stand-up*, entrevista ou reportagem); nome do repórter, do cinegrafista e do produtor responsável; o texto propriamente dito, os créditos dos entrevistados e sugestões/orientações para o editor de imagem que vai montar o material. Uma vez que nem todas as redes de televisão têm uma estrutura que permite ao repórter acompanhar a edição de suas matérias, é muito importante que os relatórios de reportagem sejam preenchidos da maneira mais correta e completa possível.

6   Expressão usada para fazer referência às imagens e entrevistas que ainda não passaram por edição.

VT)[7], faltem imagens; da mesma forma, o jornalista pode perceber que estava deixando de fora da reportagem temas relevantes e que têm de ser contemplados de alguma maneira, com ou sem imagens. É preciso, mesmo no momento da gravação, pensar em todo o processo envolvido para levar as notícias à audiência.

Atuar em um veículo bidimensional, com linguagem audiovisual, é ter em mente que o jornalista nunca deve se concentrar somente em um aspecto do trabalho. Não adianta contar com imagens maravilhosas e entrevistas fantásticas se, na hora de entrar no vídeo ou de gravar o *off*[8], a pronúncia das palavras é ruim, a entonação não é adequada ou o texto final é pobre e mal escrito. Trabalhar na televisão requer do profissional múltiplas habilidades, operadas em conjunto diariamente.

:: Um público vasto e diversificado

Para que as informações transmitidas em um jornal televisivo cheguem à audiência da maneira mais clara possível, é preciso adicionar um cuidado a mais ao caldeirão de habilidades exigidas do jornalista: a capacidade de compreender o público e se fazer entender por ele. Isso é fácil? Não, não é. Mas também não é impossível, basta atender às expectativas.

- - - - -

7   Videoteipe, ou VT: sistema eletrônico para gravação de sons e imagens (Yorke, 1998, p. 199). No linguajar das redações de televisão, o termo também designa o vídeo da reportagem que está pronto para ser exibido/ir ao ar.
8   *Off*: quando o jornalista está fora do vídeo, mas, mesmo assim, é ele quem narra o texto da reportagem. Refere-se ao texto que o repórter escreve e grava para relatar um fato ou uma notícia para a audiência.

Imagine que você é um repórter de televisão que, literalmente, entrou em um aparelho de TV e está cara a cara com um grupo de pessoas no sofá da sala. Todos acompanham as notícias que você vai apresentar. Do outro lado da tela, você vê um juiz criminal aposentado, um doutor em biologia molecular com, aproximadamente, 40 anos, uma dona de casa que estudou até o segundo grau, um adolescente de 14 anos bastante curioso e um trabalhador braçal analfabeto.

Perceba que existem grandes diferenças entre essas pessoas: de idade, de classe social, de grau de instrução e de gênero. Poderíamos ainda acrescentar a essa lista as preferências políticas de cada um, as crenças religiosas, além de vários outros aspectos. A audiência de televisão é, em um grau bastante ampliado, muito semelhante a esse grupo de pessoas no sofá da sala: heterogênea – com muitas diferenças entre si – e bastante vasta.

Como se fazer entender por esse público? Qual linguagem usar para não ficar aquém da expectativa dos mais letrados e não se tornar incompreensível para aqueles que tiveram menos oportunidades de aprendizado geral na vida? Essa é a equação a ser resolvida continuamente pelos profissionais que atuam em televisão. Exceto pelos repórteres que, porventura, possam atuar em programas com público segmentado – ou seja, específico e bem definido –, a maioria dos jornalistas de televisão precisa ter em mente que a "TV visa a todos e deve ser entendida por todos" (Yorke, 1998, p. 61).

Para Yorke (1998, p. 67), um dos principais objetivos de um profissional do telejornalismo é ser compreendido pelo público. Note:

Há o seguinte ditado entre os jornalistas de rádio e televisão: "Diga o que vai dizer: diga-o: depois diga o que disse". Talvez possa parecer simplista, mas continua sendo um lembrete útil do principal objetivo de um repórter – manter contato com o público. Aquilo que você escreve deve ser fácil de ouvir e inteligível na primeira – e provavelmente única – vez em que é apresentado; o restante da história será progressivamente construído em seguida.

Ao citar o espanhol Iván Tubal, Rezende (2000) destaca que falar bem em televisão não é o mesmo que seguir à risca todas as regras previstas na gramática normativa. O que, de fato, é importante, como frisa o autor, é dizer aquilo que se tem a intenção de comunicar ao público, buscando ser entendido pelo maior número possível de pessoas. Não basta falar "bonito" e não precisa "falar difícil", é necessário ser compreendido.

Sobre o mesmo tema, Luciana Bistane e Luciane Bacellar (2006, p. 15) escrevem:

> Em televisão, não se deve usar as palavras "metidas a besta". Estas devem ser substituídas por termos que empregamos no dia a dia, para conversar com os amigos, com o zelador do prédio, com o professor. Palavras que soam naturais; nem de difícil compreensão, nem pomposas demais. [...] É assim que devemos falar com os telespectadores: de maneira coloquial, direta, com frases curtas para facilitar o entendimento. Um texto de jornal pode ser relido; o de televisão, não. A comunicação deve ser instantânea.

Portanto, a linguagem usada na transmissão de notícias não pode ser nem muito complexa – com palavras difíceis e com significado desconhecido –, nem pobre demais – marcada por expressões corriqueiras, repetição de termos sem necessidade e até mesmo pelo uso de gírias (o que deve ser evitado ao máximo).

:: O necessário respeito ao público

A heterogeneidade do público também tem outra implicação: exige dos jornalistas que também tenham como compromisso promover o respeito à audiência. Esse cuidado deve ser observado tanto na captação de imagens quanto durante as entrevistas e o fechamento do texto que será levado ao ar. Diante de um volume tão grande e tão diverso de indivíduos, não se pode correr o risco de ofender qualquer pessoa, independentemente de quem ela seja.

Yorke (1998, p. 64-66) enfatiza a necessidade de evitar sexismo (ofensas à condição da mulher em sociedade), racismo ou qualquer outra expressão ofensiva: "Geralmente, não há necessidade de se referir à cor, religião ou origem racial de uma pessoa, a não ser que essa informação contribua concretamente para a compreensão da história".

Em outras palavras, se o tema da reportagem não é diretamente ligado à questão religiosa, por exemplo, sobre o ritual seguido por países de maioria muçulmana no abate de animais, que é marcado por ações bastante específicas, então, não existe motivo para que se discutam as opções religiosas de uma pessoa ou de uma comunidade no texto do material.

Passemos a mais um exemplo ilustrativo. Ao descrever determinada personagem no *off* de uma reportagem sobre a atuação feminina no mercado de trabalho, suponha que seja usada a seguinte construção: "A secretária Helena Soares, que participa de rituais de umbanda, fala sobre as dificuldades enfrentadas no dia a dia de trabalho". O que a religião dessa pessoa tem a ver com sua atuação no âmbito profissional? Nada. E "nada" não é informação que vá acrescentar qualquer conhecimento à audiência, portanto pode e deve ficar de fora do texto.

No caso específico de crenças e religiões, Yorke (1998) alerta ainda sobre a possibilidade de se cometerem erros por ignorância dos profissionais, a exemplo do uso da expressão *igrejas judaicas*. Por isso, o autor destaca que o jornalista não pode ter dúvidas sobre as informações que insere nas reportagens que produz.

Se o jornalista tiver qualquer incerteza, deve se esforçar no processo de apuração até estar convicto de que informará o público corretamente. Se for necessário pedir a ajuda de alguém que domine o assunto, é isso o que deve ser feito, mesmo que essa pessoa não seja fonte direta para a reportagem, como um especialista em determinada religião.

O público que acompanha os programas telejornalísticos não se resume a um número. Trata-se de uma coletividade composta por uma série de pessoas que têm suas crenças, suas características pessoais, sua dignidade. Esses aspectos não devem ser ignorados durante a rotina de produção jornalística. O jornalismo não deve servir de meio para a divulgação de ofensas, discriminação e/ou imprecisões.

:: Informação em tom de conversa

Quando falamos em se fazer compreender pelo grande público, existe outro aspecto importante a ser destacado: o uso da linguagem coloquial. Comunicar-se dessa forma significa escrever/narrar uma notícia como se estivéssemos conversando com a audiência, por meio de uma linguagem simples e de maneira natural.

Parece óbvio, mas agir com naturalidade e espontaneidade é extremamente complexo no âmbito das atribuições de um jornalista de TV. O uso da linguagem mais cotidiana, por exemplo, requer muita leitura e habilidade com as palavras para saber quais expressões podem substituir melhor uma que seja mais difícil de ser compreendida.

Essa habilidade é exigida nas mais variadas situações cotidianas de produção jornalística. Se, durante uma entrevista, um delegado informa que um funcionário público responderá a processo sob a acusação de peculato, o repórter deve ter condições de explicar à audiência que o servidor será processado por ter pegado para si, por exemplo, dinheiro dos cofres públicos.

Parece bobagem, mas a "tradução" correta de um termo é o fator que pode determinar se as pessoas vão ou não entender o que está sendo noticiado. Não é difícil encontrar repórteres, inclusive com bastante experiência, que tenham passado a vida repetindo termos declarados pelas fontes sem saber, ao certo, do que estavam falando. Além disso, quem não entende o que a fonte diz não tem condições de saber o que perguntar a ela durante uma entrevista.

Não raras vezes, o jornalista pode se descuidar da preocupação com a coloquialidade e dar um tom mais oficialesco ou engessado a uma reportagem ou transmissão ao vivo, por influência da linguagem adotada pelas fontes oficiais de informação, como o modo de falar de um promotor de Justiça, repleto de expressões do meio jurídico e desconhecidas da maior parte da população. Essa situação pode, até mesmo, induzir a graves incorreções.

Se o profissional apostar no "oficialês" (Yorke, 1998), poderá agradar a uma parte da audiência que consegue assimilar bem a mensagem, porém ficará em maus lençóis por não ser compreendido por uma infinidade de pessoas para as quais aquelas informações deixarão de fazer sentido. Assim, terá descumprido uma premissa básica da profissão e que, novamente, vamos destacar aqui: **fazer-se compreender pelo público**.

Vejamos um exemplo de linguagem formal que poderia ser utilizada por um policial militar ao narrar o cenário que encontrou no atendimento de uma ocorrência cotidiana[9]:

> Nos deslocamos ao aludido palco dos acontecimentos e, na cercania da praça central, encontramos o elemento já em luta corporal com a vítima. Realizamos a abordagem e, só depois de acalmados os ânimos, constatamos que se tratava de uma tentativa de assalto em andamento. O meliante foi detido e levado à delegacia. Ele havia acabado de deixar a prisão

---

9 Para formularmos esse exemplo, usamos como inspiração um vasto material observado enquanto atuamos diretamente na cobertura jornalística referente à área de segurança. Para evitarmos constrangimentos desnecessários, vamos nos abster de indicar detidamente as fontes, preservando somente a essência desses comunicados, que é o que nos interessa aqui.

> e possui antecedentes criminais por uma série de furtos e assaltos a transeuntes.

A fala desse exemplo é bastante próxima da linguagem de alguns agentes de segurança pública e representa um desafio para os profissionais do jornalismo. Pouco se aproveitaria de uma sonora[10] como a do exemplo e, durante o processo de edição, para conseguir utilizar algo dela na reportagem, seria necessário investir em novas perguntas dirigidas à fonte, em um esforço para obter informação mais facilmente compreensível pelo público.

Por que isso acontece? Porque algumas expressões e jargões[11] profissionais não são conhecidos pela maioria do público geral de TV. Nesse momento, entra a figura do repórter como mediador da realidade a ser retratada, como aquele que, com a preocupação de manter uma linguagem coloquial, precisa ter preparo e embasamento para promover essa "tradução".

Mas, se nem mesmo o repórter compreende o que a fonte fala, imagine as pessoas que estão do outro lado da televisão! Quando isso ocorre, o jornalista tem de ser proativo e questionar o entrevistado até responder a todas as suas dúvidas sobre o assunto, permitindo reportar, adequadamente, uma notícia ao público. Lembre-se de que, em televisão, falar difícil não é, nem de longe, sinônimo de fazer um bom trabalho.

10 Sonora: maneira como é chamada a entrevista gravada pelo cinegrafista e pelo repórter com os entrevistados. Pode ser usada em reportagens e ainda, de maneira isolada, associada a *links* ou a outros gêneros jornalísticos.
11 Jargões: termos repetidos e usados com frequência para designar situações típicas em coberturas jornalísticas. Um exemplo são os jargões da reportagem policial: *meliante*, *luta corporal*, *elemento* etc.

É importante enfatizar que essa simplicidade no modo de se expressar não é apenas uma questão de vocabulário. Vera Íris Paternostro (1987, p. 54) explica que a linguagem coloquial, aquela usada na conversa entre duas ou mais pessoas, também tem relação com a postura: "Sempre que o jornalista for escrever para a TV, ele estará contando a notícia para alguém, como se estivesse conversando com a pessoa".

A autora se refere, em certa medida, à naturalidade com que o jornalista de televisão deve se expressar ao se dirigir à audiência. Ser natural é diferente de manter uma postura engessada, ensaiada, quase teatral, como se o jornalista estivesse representando cenas, e não informando o público.

Regina Villela (2008) avança nessa mesma discussão ao destacar que essa espontaneidade do profissional vai garantir uma comunicação rápida e objetiva com o público. Entretanto, frisa que, para ser espontâneo, o jornalista deve contar com uma bagagem cultural bastante rica (Villela, 2008, p. 44).

Essa naturalidade/espontaneidade enfatizada por Villela e por Paternostro associada à incessante busca por conhecimento é extremamente válida na hora de construir e/ou apresentar um texto. Quanto mais bagagem o repórter acumular, mais condições terá de esmiuçar as notícias e os fatos do cotidiano, traduzindo-os de maneira simples para a audiência e mantendo o tom de conversa quando se dirigir ao público.

Para saber mais

ZANFRA, M. A. **Manual do repórter de polícia**. [S.l.]: [s.n.], abr. 2007. Disponível em: <http://www.dhnet.org.br/dados/manuais/a_pdf/313_manual_reporter_policia.pdf>. Acesso em: 10 dez. 2020.

Com experiência no campo de reportagens sobre segurança, o jornalista Marco Antonio Zanfra elaborou o *Manual do repórter de polícia*, em que explica os principais tópicos e termos utilizados nesse tipo de cobertura. O livro é organizado nos moldes de um dicionário, dividido em verbetes. A linguagem simples e o uso de exemplos conferem ao livro um caráter didático.

ZIMMERMAN, A. **Direito direito nos jornais**: as palavras que aproximam e separam jornalistas de advogados. Curitiba: Juruá, 2011.

O livro *Direito direito nos jornais: as palavras que aproximam e separam jornalistas de advogados*, da jornalista e advogada Ana Zimmerman, é outro exemplo de publicação que ajuda os profissionais do jornalismo. Na obra, vários termos do direito são esclarecidos por meio de uma linguagem simples.

1.5
A importância de planejar as imagens

"A razão da existência da televisão está na imagem. Sem ela, nos bastaria o rádio", destaca Villela (2008, p. 133). Não é difícil supor, quando se fala em jornalismo televisivo, que a imagem tenha uma importância considerável. Entretanto, caso as cenas captadas não respeitem um planejamento mínimo, o repórter de TV terá grandes dificuldades para entregar um conteúdo adequado aos telespectadores.

Em TV, conforme esclarece Klein (2013, p. 23), as imagens são televisuais:

> A imagem televisual é aquela veiculada, mas que antes foi captada numa determinada perspectiva e enquadrada de alguma forma por alguém que opera uma câmera. Essas imagens são, assim, produzidas a partir de outras imagens que os agentes possuem sobre os sujeitos dos acontecimentos e que, geralmente, circulam no meio social.

De acordo com Klein, então, toda imagem registrada e transmitida por meio da televisão é, antes, objeto de uma interpretação pelos profissionais que a captaram. Em outras palavras, salvo exceções, quase sempre é possível planejar essa captação. Isso evidencia ainda a importância que os processos de tomada de decisão têm para a produção jornalística. Além disso, todos esses aspectos são determinantes para a produção do texto pelo repórter.

Vejamos um exemplo nesse sentido: em uma reportagem sobre um incêndio em uma casa no centro de uma cidade, o repórter diz que a fumaça era intensa e que as labaredas eram vistas de longe. No entanto, as imagens que cobrem o VT não mostram nenhum sinal de fogo, além de pouca destruição. É possível que a equipe dessa emissora tenha chegado ao local depois que as chamas já estavam controladas, mas também existe a possibilidade de a situação encontrada no local ter sido bem menos grave do que se supunha a princípio.

De todo modo, nesse suposto caso, a incompatibilidade entre o texto e as cenas retratadas certamente deixará a audiência confusa. Isso se o material passar pelo crivo dos editores. Sem as imagens adequadas, a única solução seria adaptar o texto da matéria ou optar por outra maneira de dar a notícia, considerando-se, é claro, a hipótese de o fato merecer ser efetivamente registrado em um programa de telejornalismo.

1.6
O jornalista precisa se preocupar com a audiência?

Quem trabalha com jornalismo de televisão enfrenta ainda outra inquietação: o desempenho da programação diante da audiência. Isso porque existem ferramentas que permitem atestar se o conteúdo veiculado por determinada emissora de televisão está ou não "agradando" o público. Mas será que o jornalista realmente deve se preocupar com essa questão? Isso é importante ao produzir uma reportagem?

A respeito da relação entre os jornalistas e os consumidores das notícias na TV, Bistane e Bacellar (2006, p. 79) destacam:

> Todos os jornalistas, sem exceção, precisam do público. Comunicar implica transmitir informações, ideias, opiniões. Portanto, é necessário ter ouvinte, leitor, telespectador. Ou não? Nesse sentido, o veículo televisão tem algumas vantagens. Em relação ao rádio, por apresentar imagens. Comparada ao jornal, por ser mais democrática. Não se paga para ver a televisão aberta e não é necessário ter domínio da língua – pré-requisito para o entendimento das notícias publicadas. Tais características tornam a TV acessível aos ricos e aos pobres, aos cultos e aos analfabetos.

No entanto, se, por um lado, a TV tem algumas vantagens em relação à atenção do público, por outro, torna-se um pouco refém dela também. Bistane e Bacellar (2006) explicam que, no Brasil, a medição da audiência é feita pelo Instituto Brasileiro de Opinião Pública e Estatística, atual Kantar Ibope Media. Nesse processo, o Ibope seleciona uma amostra da população – um pequeno grupo de pessoas –, buscando compor um cenário que reflita o perfil socioeconômico brasileiro. Em outras palavras, o Ibope analisa as preferências de uma parte do público, mas que é representativa do perfil nacional de consumo de TV.

No país, o instituto opera com os seguintes métodos de aferição:

- por questionários, em que as pessoas são abordadas nas ruas para preencher uma folha com perguntas sobre suas preferências;
- por aparelhos eletrônicos[12], conhecidos como *peoplemeters* ou DIB 6, que são instalados na casa de determinados telespectadores e registram a relação diária de programas e canais assistidos em cada um dos aparelhos de TV daquele domicílio;
- por meio de receptores que controlam a audiência em tempo real[13].

É importante observar que, com a chegada da TV digital ao Brasil – cujo processo de transição teve origem com um decreto publicado pelo governo federal em 2006 – e da tecnologia de TV *online*, o instituto já está experimentando novos aparelhos e outras formas para aferir a audiência nessas novas plataformas.

Para ilustrar e auxiliar na compreensão, apresentamos a seguir alguns gráficos gerados com base em dados de uma pesquisa fictícia de audiência domiciliar consolidada[14].

---

12 A cada ano, novos aparelhos para aferição de audiência são instalados em casas diferentes. Em razão disso, todos os anos, o instituto precisa refazer os cálculos. Em 2019, por exemplo, um ponto de audiência representava, aproximadamente, 73 mil domicílios.
13 Até 2018, esse sistema estava disponível somente na cidade de São Paulo (SP).
14 Nos gráficos, o termo *share* indica, em porcentagem, a participação de um programa ou de uma emissora em relação ao total de televisores ligados em determinado espaço de tempo. Por exemplo: no dia 22 de maio de 2019, o programa A alcançou 8 pontos de audiência e 17,5% de *share*. Isso quer dizer que 17,5% dos aparelhos de TV que estavam ligados no horário da aferição estavam sintonizados na emissora que transmite o programa A.

Gráfico 1.1 – Exemplos de dados que podem ser obtidos por meio de pesquisas de audiência

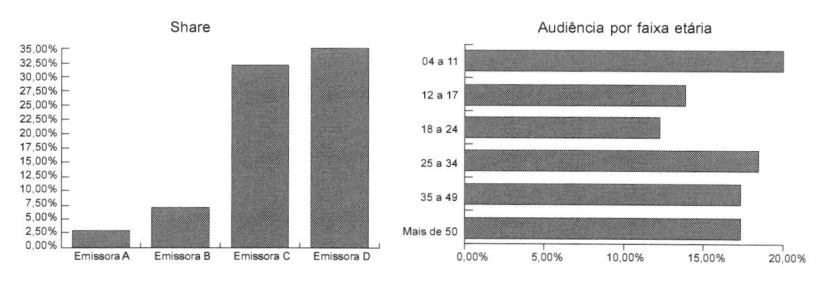

Share

Emissora	%
Emissora A	~2,50%
Emissora B	~7,50%
Emissora C	~30,00%
Emissora D	~32,50%

Audiência por faixa etária

Faixa	%
04 a 11	~19,00%
12 a 17	~14,00%
18 a 24	~12,00%
25 a 34	~18,00%
35 a 49	~17,00%
Mais de 50	~17,00%

Com os dados em mãos, diretores, editores e produtores têm condições de reorganizar suas prioridades e disputar, com mais eficiência, a atenção do público. Segundo Bistane e Bacellar (2006, p. 80), "se determinado jornal perde público, é necessário trazer de volta essas pessoas". Em outras palavras, a audiência pode interferir, inclusive, na linha editorial de um veículo[15].

Quando a preocupação com a audiência entra em cena, as empresas costumam pressionar os profissionais do jornalismo em busca de novos resultados. Esse aspecto está diretamente relacionado à qualidade do trabalho desenvolvido pelos jornalistas, que começa na redação e termina quando as reportagens são exibidas ao público e este atribui sentido às informações que recebe (Alsina, 2009).

- - - - -

15 Em alguns casos, as emissoras de televisão podem se valer de pesquisas qualitativas para adaptar o conteúdo às preferências do público. Esse trabalho pode ser feito por empresas contratadas para isso (o Ibope é uma delas) ou por profissionais que já integram o quadro da emissora. Uma das estratégias para essa finalidade é a realização de grupos focais. Por meio deles, reúne-se um grupo de telespectadores (representativo do público que se busca atingir) e podem-se fazer perguntas específicas sobre a programação oferecida; é possível, ainda, apenas acompanhar suas reações durante a exibição do telejornal, por exemplo.

Para Vizeu (2008, p. 10),

> A produção televisiva não foge das regras impostas pelo mercado, já que precisa agradar a dois tipos de clientes: os telespectadores e os anunciantes. [...] Toda produção tem como objetivo oferecer aos telespectadores não apenas o conteúdo do programa, mas também os anúncios vinculados a ele. A propaganda é a principal fonte de recurso das emissoras e, portanto, o lucro delas está intimamente ligado ao número de anunciantes que, por sua vez, está relacionado aos índices de audiência que alcançam. O compromisso com o lucro e com as regras de mercado faz com que as emissoras busquem sempre a audiência máxima.

Ressaltamos que o principal objetivo do telejornalismo é, antes de tudo, informar o público a respeito de alguma notícia ou, então, repercutir algum tema que seja de amplo interesse. Entretanto, como a atividade jornalística é desenvolvida nos moldes de mercado, ela, necessariamente, está atrelada aos objetivos da empresa.

Dessa forma, o conhecimento sobre a audiência auxilia os jornalistas no processo cotidiano de tomada de decisão nas mais variadas etapas de produção: na concepção da pauta, na elaboração textual, na apresentação das notícias aos telespectadores.

Engana-se, no entanto, quem pensa que a preocupação com a audiência é exclusivamente de viés mercadológico. Se o público não compreender o que o jornalista diz, por exemplo, talvez o telespectador passe a se sentir mais bem contemplado pelo trabalho de outra emissora de televisão. Logo, conhecer o perfil de quem acompanha a programação também ajuda a produzir um jornalismo mais próximo da expectativa das pessoas e, consequentemente, a obter melhores resultados.

Síntese

As principais características do texto telejornalístico são o uso de uma linguagem audiovisual, pois os textos são escritos para serem falados e ouvidos em articulação com as imagens; a compreensão de que o público dos telejornais é vasto e diversificado, portanto exige que essas distinções sejam contempladas nas produções; o respeito pelo público, inclusive em relação às condições de compreensão das notícias; e o tom de conversa com que as informações devem ser veiculadas.

Além disso, quando se escreve um texto para transmitir uma notícia em um programa de rádio, é preciso ter em mente outros aspectos básicos: objetividade, domínio da língua que está sendo usada, clareza e concisão. Em outras palavras, é necessário repassar a informação de maneira objetiva e simples. Em radiojornalismo e na TV, o texto é escrito para ser falado e, portanto, ouvido.

Assim como acontece no rádio, a notícia na TV precisa ser marcada pela instantaneidade, ou seja, pela capacidade de ser assimilada e compreendida "de primeira". Em outras palavras, deve-se fazer com que a audiência entenda aquilo que está sendo exibido e falado no mesmo momento em que a notícia é veiculada.

Além dessas preocupações, no telejornalismo, as possibilidades são ampliadas pela integração entre sons e imagens. Com os recursos audiovisuais, não se apela somente para as imagens mentais geradas por meio da narração radiofônica, por exemplo, mas também é possível relatar fatos e contar histórias mostrando-se as imagens do que aconteceu, ouvindo-se o testemunho de quem está envolvido com aquela situação, reproduzindo-se, ainda, os sons naturais do ambiente retratado. É uma explosão de estímulos sensoriais envolvendo visão e audição, mas que precisa ser organizada para ser compreensível.

Apesar do fascínio exercido pelas possibilidades abertas pelo jornalismo televisivo, não podemos perder de vista que tudo o que se faz em uma redação telejornalística é dirigido ao público, que se caracteriza por alguma particularidade. Toda vez que um jornalista de TV apresenta uma notícia ou participa de uma transmissão ao vivo, ele está se relacionando com um amplo e diversificado universo de pessoas.

Como vimos neste capítulo, os telejornais exigem que a linguagem seja comum, simples e com termos de fácil compreensão, sem pobreza de vocabulário ou vulgaridade. Outro aspecto importante é a universalidade da linguagem televisiva, porque, mesmo que um telespectador seja analfabeto, ele precisa ter condições de interpretar e compreender as informações transmitidas pela TV.

É claro que não basta contar com boas imagens, bem produzidas tecnicamente e com potencial de prender a atenção do público. É necessário também equilibrar o que é mostrado por meio das imagens com o texto que embasará o material jornalístico.

Nesse processo, da redação propriamente dita, vários outros aspectos devem ser considerados pelo jornalista, entre os quais estão o respeito às particularidades que envolvem o público (em sua singularidade e em sua dignidade) e a necessidade de conhecer a audiência a que o produto jornalístico se destina. Sem essa compreensão mais ampla sobre o universo de pessoas que acompanha a atividade telejornalística diária, corre-se o risco de gerar uma produção desconexa da expectativa do público.

Para saber mais

LEAL, B. S. Reflexões sobre a imagem: um estudo de caso.
E-Compós: revista da Associação Nacional dos Programas de Pós-Graduação em Comunicação, v. 5, abr. 2006. Disponível em: <https://www.e-compos.org.br/e-compos/article/view/61>. Acesso em: 10 dez. 2020.

Nesse artigo, Bruno Souza Leal propõe uma reflexão sobre o papel da imagem no telejornalismo em contraposição ao que preconizam os manuais clássicos de jornalismo em televisão. Por tratar do embate entre a palavra e a imagem no jornalismo de televisão, o estudo é relevante para ajudar os futuros profissionais a compreender o telejornalismo de maneira mais ampla, em suas múltiplas implicações.

FINATTO JÚNIOR, P. R. **O julgamento do caso Isabella Nardoni no programa Brasil Urgente**. 73 f. Trabalho de Conclusão de Curso (Graduação em Comunicação Social – Jornalismo) – Universidade Federal do Rio Grande do Sul, Porto Alegre, 2011. Disponível em: <https://lume.ufrgs.br/handle/10183/37583>. Acesso em: 10 dez. 2020.

Nesse trabalho, Paulo Rogério Finatto Júnior trata do jornalismo produzido como espetáculo, enfatizando a necessidade de refletir sobre a maneira como o telejornalismo constrói a representação da realidade. Como o Brasil apresenta altos índices de violência urbana, os apontamentos do estudo são fundamentais para estimular os futuros profissionais a pensar sobre os limites éticos e de atuação no telejornalismo.

AITA, P. A. Linguagem corporal à frente da bancada: a colaboração do não-verbal no telejornalismo. **Anagrama**, v. 4, n. 2, p. 1-27, 2010.

Nesse artigo, Pricila Aparecida Aita discute o peso da linguagem corporal na bancada do *Jornal Nacional*. Ao propor uma análise sobre a relação entre o gestual e o conteúdo das mensagens, o estudo enfatiza mais um aspecto referente à união entre palavra e imagem no telejornalismo.

Questões para revisão

1. Sabendo que a produção jornalística destinada ao rádio e à televisão é marcada pela instantaneidade, ou seja, pela necessidade de o conteúdo ser assimilado e compreendido no exato momento em que é transmitido, julgue as afirmativas a seguir com relação às características desses dois meios de comunicação:
    I) A redação de textos jornalísticos para o rádio e para a TV deve primar pelo uso de frases curtas e sempre na ordem direta (Sujeito + verbo + complementos) para facilitar a compreensão das notícias pela audiência.

II) Se o ouvinte ou o telespectador não entender o tema da reportagem "de primeira", sempre poderá buscar mais informações na internet ou em veículos noticiosos impressos.

III) Os textos devem ser sempre enxutos, isto é, as informações transmitidas devem ser resumidas ao que é essencial.

Agora, assinale a alternativa correta:

a) Todas as afirmativas estão corretas.
b) Somente a afirmativa I está correta.
c) Somente as afirmativas I e III estão corretas.
d) Somente a afirmativa II está correta.
e) Nenhuma das afirmativas está correta.

2. A linguagem, no jornalismo televisivo, deve ser sempre, coloquial, ou seja, deve ser facilmente compreendida pelo público, que é bastante heterogêneo. Marque a alternativa que define como o conceito quando se trata do propósito de propiciar a coloquialidade é aplicado ao telejornalismo:

a) Linguagem coloquial é aquela usada pelas pessoas no cotidiano.
b) A coloquialidade não é só uma questão de vocabulário, por isso permite o uso de elementos rebuscados e técnicos.
c) O uso da linguagem coloquial no jornalismo de TV é marcado pelo tom de conversa na transmissão das notícias, optando-se sempre por termos simples, mas sem cair na vulgaridade.

d) Como a linguagem de TV é coloquial, é preciso falar como as pessoas se comunicam entre elas, inclusive com o uso de gírias.

e) Todas as alternativas estão corretas.

3. A televisão é um meio de comunicação audiovisual e bidimensional, pois, junto com as imagens, também transmite sons. Por ter a capacidade de estimular, simultaneamente, os sentidos humanos da audição e da visão, considerando-se as particularidades da produção jornalística, é correto afirmar que:

a) o repórter deve se concentrar somente em um aspecto de seu trabalho. Enquanto pensa nas informações que usará no texto da reportagem, deve evitar trocar experiências com o cinegrafista para não atrasar a produção.

b) a preocupação com a qualidade das imagens é responsabilidade exclusiva dos repórteres cinematográficos e não deve envolver profissionais de outros setores.

c) se o repórter tiver boa presença no vídeo e bastante habilidade na hora de escrever o texto, não precisará preocupar-se com o fato de não saber aplicar a entonação adequada no momento da locução/narração.

d) mesmo que as imagens usadas para ilustrar uma reportagem tenham boa qualidade, o repórter continuará tendo de se preocupar com a produção do texto. Afinal de contas, a imagem por si só não esgota a produção jornalística.

e) nenhuma das alternativas está correta.

4. A imagem tem importância fundamental no jornalismo de televisão. Não fosse a possibilidade de transmitir as cenas captadas no cotidiano – gravadas ou ao vivo –, há quem diga que nos bastaria o rádio. Com base nos conhecimentos adquiridos, explique quais são os cuidados necessários para evitar o conflito entre o texto e a imagem em uma reportagem de TV.

5. Com relação à constante necessidade de acompanhar os índices de audiência, explique qual seria uma opção para mudar a estratégia de cobertura depois de se receber um resultado negativo de uma pesquisa.

Questões para reflexão

1. Quais características do texto telejornalístico devem ser mais enfatizadas ao se produzirem reportagens sobre assuntos de economia (por exemplo, Produto Interno Bruto – PIB) e por que isso é necessário? Lembre-se de que o público de TV é bastante vasto e diversificado e que nenhum telespectador deve ser excluído quando se trata do propósito de propiciar a compreensão dos temas apresentados no telejornal.

2. Pensando-se no desempenho de um repórter durante uma transmissão ao vivo que dure mais tempo do que havia sido planejado, o que é mais importante: descrever repetitivamente os fatos ou buscar o desenvolvimento de uma abordagem interpretativa? Lembre-se das características do texto telejornalístico e da importância do respeito a cada uma delas para garantir que o público compreenda a notícia em seu devido contexto.

Capítulo
02

O texto no telejornalismo

Aline de Oliveira Rios

Conteúdos do capítulo:

- Gêneros e formatos na televisão.
- Técnicas para escrever bem para a TV.
- Cuidados ao se produzirem textos telejornalísticos.
- Necessidade de escrever pensando nas imagens.

Após o estudo deste capítulo, você será capaz de:

1. dominar as técnicas do texto jornalístico para a televisão;
2. desenvolver seu trabalho de ancorar o texto às imagens;
3. identificar os principais obstáculos enfrentados no cotidiano de quem escreve para a TV.

A imagem pode ter muita importância no jornalismo de televisão, mas o elemento que viabiliza a compreensão das notícias pela audiência é o texto. Entre as principais características do texto jornalístico de TV, como já apontamos, está a necessidade de o elemento textual ser coloquial, preciso, claro, objetivo, informativo, pausado e neutro. No entanto, a apresentação de uma notícia não é a única forma de produzir um texto para a televisão. Além disso, a produção textual atua como elo entre as várias etapas do processo de produção de um telejornal.

2.1
Gêneros e formatos no telejornalismo

No jornalismo de televisão, o texto simples, direto e com linguagem coloquial visa à compreensão correta das informações e notícias pelo público. Esses cuidados precisam estar presentes ainda no momento de elaboração da reportagem, ou seja, quando a equipe está gravando as imagens, as entrevistas e também a passagem.

Esse exercício de planejar o trabalho de captação de material e pré-estruturar o texto confere agilidade ao processo produtivo e, aos poucos, fará com que o jornalista tenha mais habilidade para estabelecer a relação entre o texto e as imagens, podendo realizar apostas mais criativas e diversificadas.

A apresentação de uma notícia e/ou reportagem na televisão é, entretanto, apenas uma das formas que o texto assume nesse meio de comunicação, visto que é possível também elaborar outras, com finalidades e funções distintas no contexto da grade de um telejornal.

Por se inscrever no âmbito audiovisual, o telejornalismo exige a articulação entre o texto e as imagens, particularidade que desafia os jornalistas diariamente, uma vez que é preciso contemplar a questão da instantaneidade, sem perder de vista cuidados como a necessidade de não repetir no texto aquilo que já está evidente no vídeo.

Cárlida Emerim (2012) destaca que as imagens não desvendam, de maneira imediata, aquilo que elas buscam significar. Para a autora, "os fatos não falam por si próprios; é preciso apresentá-los e comentá-los para situar as causas e os efeitos que lhes dão sentido pleno" (Emerim, 2012, p. 46). Reiterando: não basta construir uma matéria pensando somente nas imagens, o texto também tem grande importância em TV.

As autoras Luciana Bistane e Luciane Bacellar (2006, p. 15) enfatizam que, de acordo com o perfil do telespectador, o texto pode ser determinante para que se mantenha ou não a audiência:

Não podemos nos esquecer de que disputamos a atenção com tudo o mais que acontece ao redor dele (telespectador); e isso considerando os atentos, que ligam a TV para assistir ao noticiário. Há ainda os que apenas escutam a programação enquanto leem, fazem uma refeição ou qualquer outra atividade. Estes só olham para a tela quando algo lhes chama a atenção.

O cenário descrito pelas autoras se torna ainda mais complexo atualmente, visto que as redes sociais virtuais e aplicativos para troca de mensagens também entram na disputa pela atenção dos telespectadores. Se o texto é tão importante em TV, quais são as particularidades dessa escrita?

Segundo Nilson Lage (2005, p. 73), o texto[1] básico do jornalismo é a notícia, que "expõe um fato novo ou desconhecido, ou uma série de fatos novos ou desconhecidos do mesmo evento". Para o autor, entre as principais marcas do texto noticioso no meio impresso estão o volume de informação factual apresentado e a presença do *lead* – primeiro parágrafo do texto e que responde às questões fundamentais sobre o que está sendo noticiado: Quem? O quê? Quando? Onde? Como? Por quê? (Lage, 2005).

Ainda conforme Lage (2005, p. 73-74), a origem do *lead* – marca da notícia – nos textos jornalísticos guarda relação com a maneira como se desenvolve uma conversação oral: "comparado ao relato oral de uma informação nova e de interesse, o que o *lead* faz é situá-la no tempo-espaço [...]".

---

1   A palavra *texto* significa "aquilo que foi tecido" (Lage, 2005, p. 37).

Contudo, no telejornalismo, o *lead* nem sempre integra o corpo do texto, como esclarecem Bistane e Bacellar (2006, p. 13):

A diferença é que, ao contrário da pirâmide invertida, dos jornais impressos, na TV a reportagem não precisa ter início respondendo a essas perguntas (do *lead*). Normalmente, o *lead* está na "cabeça" (texto lido pelo apresentador para anunciar o videoteipe, ou VT, como também são chamadas as reportagens.

Trata-se, portanto, de uma forma de escrever que deve ser precisa, coerente, simples, concisa e trazer o mínimo encadeamento entre as informações apresentadas: "Qualquer texto, jornalístico ou não, pressupõe uma estrutura lógica de pensamento. E essa estrutura se manifesta através da linguagem. É ela que possibilita a construção de um discurso, resultado de uma ordenação sequencial de representações" (Becker, 2005, p. 28).

Dessa forma, um texto telejornalístico pode ser assim definido: é aquele que apresenta e organiza informações atuais e relevantes de acordo com a finalidade a que se destina – informar, interpretar, opinar ou comentar –, amparado no relato ou na consulta a fontes de informação, privilegiando sempre a relação com as imagens a ele vinculadas e a compreensão por parte do público, valendo-se de uma linguagem simples, clara, objetiva e universal.

Para Itania Maria Mota Gomes (2011, p. 32), que pesquisa a questão dos gêneros e dos formatos em TV, "a notícia é um gênero" e os programas telejornalísticos seriam uma variação específica dentro da programação televisiva, ou seja, compondo o "gênero programa jornalístico televisivo".

Com base em outro ponto de vista e ainda sobre a questão dos gêneros e das formas de apresentação do conteúdo televisivo, Egle Müller Spinelli (2012, p. 2) explica que esses formatos evoluíram juntamente com as transformações tecnológicas pelas quais passou a TV:

> Os primeiros programas telejornalísticos apresentavam as notícias lidas pelos apresentadores no estúdio, cuja predominância era a dos textos informativos, principalmente, as chamadas notas simples, um formato em que o apresentador lê a notícia sem a inserção de imagens complementares. Logo, os realizadores começaram a perceber o potencial das imagens (estáticas e dinâmicas) e surgiram as notas cobertas, em que as notícias eram lidas pelo apresentador sobre imagens referentes ao fato.

Apesar desse aparente predomínio do gênero informativo nos conteúdos apresentados nos telejornais, ele não é único. José Marques de Melo (citado por Rezende, 2000, p. 156-159) identifica quatro gêneros presentes no telejornalismo, sendo dois deles os mais usuais:

1. informativo, destinado à transmissão de informações de forma objetiva e imparcial;
2. opinativo, em que é possível expor e/ou apresentar críticas e reflexões em relação a determinados temas;

3. interpretativo, que teria um caráter de aprofundamento muito vinculado a grandes reportagens; e
4. diversional, em que se busca apresentar informações a respeito de conteúdos sobre lazer e entretenimento, por exemplo.

O autor José Carlos Aronchi de Souza (2013) reflete sobre as variações do conteúdo no telejornalismo com base no trabalho de Luiz Beltrão, para quem os gêneros jornalísticos seriam três: informativo, interpretativo e opinativo. Com base na distinção proposta por Beltrão, Souza classifica os gêneros jornalísticos em quatro categorias: entretenimento, informação, educação e propaganda.

Seguindo as reflexões de Souza (2013, p. 7-8), as categorias de gêneros mais próximas do telejornalismo seriam a de entretenimento, com destaque para as revistas eletrônicas na TV, e a de informação, que reúne os mais variados formatos: debate, documentário, entrevista, programas especializados, edições extra (plantões e boletins), telejornais, transmissões ao vivo, quadros, reportagens, entre outros.

Com base nas reflexões dos autores citados, propomos a organização apresentada no Quadro 2.1.

Quadro 2.1 – Relação entre gêneros e formatos do texto telejornalístico

Gênero	Formato
Informativo	Reportagem (matéria ou VT), debate, entrevista, *stand up*, plantões e boletins, ao vivo, nota pelada, nota coberta, quadros, séries, telejornal, câmera oculta, mesa-redonda.
Interpretativo	Videodocumentário, grande reportagem.
Opinativo	Editorial, comentário, crônica.
Entretenimento	Revista eletrônica, programas esportivos e segmentados.

Os formatos ligados ao gênero informativo serão mais bem esclarecidos adiante, no capítulo que trata da reportagem em TV. Antes de avançarmos, no entanto, vamos apresentar algumas informações a respeito dos outros formatos que podem ser usados em programas de televisão e que têm relação com a produção textual.

∴ Textos do gênero opinativo em TV

Para Sônia Aparecida Lopes Benites (2002, p. 127), apesar de o jornalismo defender a imparcialidade e a objetividade como marcas de profissionalismo, o gênero opinativo tem seu espaço: "nem sempre o jornalista deseja mascarar seu ponto de vista. Há situações em que ele deseja, efetivamente, trazer à evidência sua postura ante os discursos que relata, enfatizando explicitamente a opinião".

A possibilidade de o jornalista atuar com mais ou menos liberdade em relação à manifestação da própria opinião ou de comentários críticos vai depender muito da linha editorial adotada pela emissora em que ele trabalha. De toda forma, independentemente dessa questão inerente à postura empresarial, o gênero opinativo também exerce uma função e está presente no telejornalismo diário.

Se considerarmos o telejornalismo como um produto eminentemente informativo, a presença de conteúdo opinativo no noticiário na TV demonstra um claro atravessamento entre gêneros e formatos, apontando para um **caráter híbrido**. Entre os espaços reconhecidamente destinados à manifestação de opinião nos telejornais, podemos citar comentários, editoriais e crônicas.

No Quadro 2.1, vimos que os textos de gênero opinativo mais comuns na televisão são o comentário, o editorial e a crônica. A seguir, abordaremos as características principais de cada um desses formatos.

:: Comentário

Na edição do *Jornal da Globo* do dia 7 de janeiro de 2020, Arnaldo Jabor, cineasta e comentarista da Rede Globo de Televisão, apresentou a seguinte análise sobre a tensão entre o Irã e os Estados Unidos:

> O mundo está diante de uma possível guerra entre o Irã e os Estados Unidos, com consequências inimagináveis. E tudo foi provocado pelo próprio [Donald, presidente dos EUA] Trump. Foi ele quem questionou o tratado com o Irã para restringir armas nucleares porque sua meta sempre foi destruir tudo

o que o [Barack, ex-presidente dos EUA] Obama fez de bom, como esse acordo que exigiu paciência e seriedade. "Tava" tudo bem, mas Trump quer o mal. Ele precisa de inimigos [...]. (Jabor, 2020)

Entre os aspectos a serem destacados sobre o trecho do comentário de Arnaldo Jabor que reproduzimos, está o tom usado no texto do comentarista, distinto do estilo mais imparcial e isento do jornalismo informativo. É possível perceber que, ao veicular comentários, a empresa jornalística em questão busca enquadrar somente o comentarista, valorizando os detalhes (inclusive, o gestual) de sua análise.

Geralmente, os comentários aparecem na programação associados a outros conteúdos de grande relevância, polêmicos ou não, e podem estar vinculados a, pelo menos, duas funções: apresentar críticas e propor análises conjunturais e mais bem fundamentadas. Eles podem ser utilizados no telejornal de maneira eventual ou em forma de quadros fixos na programação (por exemplo, toda quarta-feira à noite, o telejornal reserva espaço para uma análise econômica).

Existe a possibilidade de o comentário não ser feito pelo próprio jornalista. Comumente, as emissoras lançam mão de especialistas (por exemplo, em economia ou em política) para apresentar ao público análises qualificadas. No entanto, a exemplo do que acontece no *Jornal da Cultura*, algumas emissoras convidam profissionais da casa para dar espaço ao gênero opinativo em sua grade.

O comentário, nos telejornais, parece estar mais atrelado à figura do âncora – apresentador que comenta e/ou analisa as reportagens do noticiário (Bistane; Bacellar, 2006, p. 131). Entretanto, para assumir essa função, o profissional deve contar com o mínimo de conhecimento a respeito do tema ou, pelo menos, ter buscado as informações necessárias para embasar sua análise. O teor dos comentários também pode ser definido com base no perfil do público e no horário de exibição do telejornal.

Quanto à apresentação, o comentário pode ser feito na própria bancada ou contar com cenário e enquadramento específicos (especialmente, quando integra um quadro do telejornal). O mais usual é que o autor da análise seja enquadrado em um plano mais aproximado, ilustrando a subjetividade contida em sua manifestação.

Da mesma forma que em outros conteúdos, a linguagem deve ser de fácil compreensão, configurando-se um texto coerente, que prime pela instantaneidade, ou seja, que possa ser entendido no mesmo momento em que é apresentado.

Deve haver, igualmente, cuidado adicional com relação à clareza, pois, mesmo sendo mais autoral, o comentário não deve gerar confusão ou suscitar dúvidas entre os telespectadores. Se algo não soar bem ou se alguém se sentir ofendido, o autor da análise poderá ser responsabilizado e/ou sofrer um prejuízo em termos de imagem.

:: Editorial

Diferentemente do comentário, que apresenta a opinião ou a análise de um jornalista, âncora e/ou especialista sobre temas atuais, o editorial é o momento em que a emissora apresenta a opinião da empresa a respeito de determinado tema. Normalmente, esse tipo de conteúdo é utilizado em relação a temas polêmicos que estejam em alta no que se refere ao debate público ou quando a empresa é conclamada a expor sua visão de mundo em face de circunstâncias específicas.

Na edição de 10 de maio de 2019, o Grupo Bandeirantes veiculou um editorial sobre o decreto das armas do presidente Jair Messias Bolsonaro durante o *Jornal da Band*:

> Crescem as equivocadas reações ao decreto das armas, a começar pelo entendimento errado da decisão. Não se trata de porte indiscriminado de armas. Nada a ver com a cena de um cidadão circulando pela cidade, quando bem entender, com um revólver na cintura. Não se fuja, no entanto, do fato de que as armas já estão na vida do país, mas nas mãos dos bandidos. Basta lembrar que mais de 90% dos crimes de morte são por armas clandestinas. Diante disso, a população decidiu nas urnas: o cidadão honesto exigiu o direito de ter sua arma. O decreto de agora é a resposta a esta escolha democrática. Vamos respeitar a vontade popular. Esta é a opinião do Grupo Bandeirantes. (Editorial..., 2019).

Incluir a "voz da empresa" no telejornal é visto como um indicativo de transparência, uma vez que se trata de um momento em que a emissora esclarece sua postura e seus interesses sobre o tema em discussão – questões que certamente também atravessarão os conteúdos apresentados em seus produtos jornalísticos.

Quem costuma "emprestar" a voz à empresa é o profissional que apresenta o telejornal em que o conteúdo é veiculado. Quase sempre, depois de ter sido minuciosamente preparado pelas instâncias superiores da emissora, o texto do comunicado vem pronto para a redação, restando ao jornalista a adaptação de um ou outro termo – somente para otimizar a sonoridade e sempre com o cuidado de preservar a essência da informação.

:: Crônica

Oriunda da literatura, no passado, a crônica teve grande importância no jornalismo impresso e, hoje, chega ao telejornalismo como uma possibilidade de tratar de temas atuais do cotidiano, unindo marcas literárias e elementos do cinema para organizar informações em outro modelo de narrativa.

Podemos citar como exemplo do gênero em questão um episódio do quadro "Crônica dos Correspondentes", do *Jornal Hoje*, exibido no dia 3 de agosto de 2019. O autor da crônica, Pedro Vedova, correspondente em Londres, empresta sua voz ao gato Larry. A história do inusitado morador da residência oficial do primeiro-ministro do Reino Unido é usada de maneira criativa pelo jornalista para retratar a "dança das cadeiras" no contexto do Brexit. Confira o vídeo da crônica no *link* indicado a seguir.

Para saber mais

VEDOVA, P. Gato é personagem ilustre da política britânica. Crônica de Londres. **Jornal Hoje**. Rio de Janeiro: Rede Globo de Televisão, 3 ago. 2019. Telejornal. Disponível em: <https://globoplay.globo.com/v/7816263/>. Acesso em: 11 jan. 2021.

Como é possível perceber no caso mencionado, nesse formato é permitido que o jornalista e cronista se valha da própria subjetividade, o que imprime personalidade ao conteúdo final. Com imagens mais elaboradas e texto leve, a crônica figura no tênue limite entre o gênero opinativo e o entretenimento. O que vai demarcar essa diferença é a maior ou menor vinculação do tema tratado ao interesse público.

Por exemplo, se a crônica retratar a dura vida de lavadeiras que sofrem com a estiagem, haverá uma vinculação com o jornalismo informativo. Porém, se o formato for aplicado para tratar de aspectos do *jazz*, por exemplo, será estabelecida uma aproximação com aspectos do entretenimento.

O texto da crônica pode ser mais leve, mas também deve primar pela clareza e pela universalidade em termos de compreensão. O profissional escalado para escrever materiais nesse formato, geralmente, tem licença poética para apostar em construções textuais mais criativas do que as que estão presentes no jornalismo diário.

A edição de uma crônica é primorosa e, além de imagens mais poéticas e artísticas, é comum recorrer a trilhas sonoras e filtros especiais de imagem. Trata-se de uma criação autoral, que leva a marca do autor, podendo, até mesmo, conferir-lhe um bom reconhecimento por esse trabalho.

Em alguns telejornais e revistas eletrônicas, as crônicas têm espaço fixo, além de serem usadas na produção de material para coberturas especiais.

Para saber mais

VEJA a crônica de Francisco José sobre jornalismo. **Jornal das Dez**. Brasília: Globo News, 2 nov. 2019. Telejornal. Disponível em: <g1.globo.com/globo-news/jornal-das-dez/videos/v/veja-a-cronica-de-francisco-jose-sobre-jornalismo/6567360/>. Acesso em: 10 dez. 2020.

O jornalista Francisco José, que atua na Rede Globo de Televisão e no canal GloboNews, produziu uma crônica sobre jornalismo para o *Jornal das Dez*. O material foi ao ar no dia 2 de novembro de 2019. Atente para a maneira como o jornalista constrói o texto, que parece complementar o sentido produzido pelas imagens. Observe o uso de adjetivos, a elaboração de questionamentos ao longo da crônica e a forma como o jornalista apresenta algumas informações para situar o telespectador em relação às imagens utilizadas.

JORNAL DA CULTURA. São Paulo: TV Cultura, 1º abr. 2019. Telejornal. Disponível em: <https://www.youtube.com/watch?v=8nu7Wi6oUwA>. Acesso em: 11 jan. 2021.

O *Jornal da Cultura* costuma apresentar comentários da jornalista Thaís Herédia sobre temas atuais ao longo de suas edições. No dia 1º de abril de 2019, entre outros comentários, a profissional abordou a polêmica envolvendo discussões em relação à ditadura militar no Brasil. É interessante observar como, usando uma linguagem acessível, a jornalista parte de compreensões do senso comum e as articula com fatos históricos e informações para apresentar uma visão crítica sobre o tema. O trecho está entre 13'10" e 15'10".

EDITORIAL Grupo Bandeirantes. **Jornal da Band.** São Paulo: Band, 20 ago. 2020. Telejornal. Disponível em:<https://www.youtube.com/watch?v=4ajhNT3AGsM>. Acesso em: 10 jan. 2021.

No dia 20 de agosto de 2020, o Grupo Bandeirantes apresentou a opinião da emissora sobre a derrubada do veto ao aumento dos servidores pelo Senado da República, durante a exibição do *Jornal da Band*. Note o uso de adjetivos e perceba um tom mais agressivo nas colocações, sempre articuladas a fatos reais noticiados pelo jornal. A assinatura da emissora sempre estará presente nesse formato, porém quase sempre será demarcada no final do editorial – como ocorre no exemplo destacado.

∴ Formatos no gênero interpretativo

No gênero interpretativo, a marca dos materiais é o **aprofundamento do conteúdo**, que pode ou não estar relacionado a temas atuais e de interesse público. Jean-Jacques Jespers (1998) relaciona algumas diferenças entre a grande reportagem e o documentário, ou videodocumentário, formatos desse gênero.

O videodocumentário é uma obra audiovisual autoral que conta com uma estética particular e pode trazer relatos em primeira pessoa (quando o *eu* é usado na narrativa, demarcando a subjetividade). Não precisa seguir regras, como o enquadramento na linha editorial de uma emissora. Nem sempre contará com a utilização de *offs* e, apesar de poder retratar aspectos e assuntos de relevância, não tem de, necessariamente, estar investido de atualidade.

O tempo de produção de um videodocumentário costuma ser bem maior do que o dedicado a uma grande reportagem. Isso acontece não só em virtude do cuidado na produção de imagens, mas também pelo fato de esse formato audiovisual favorecer, comumente, o "mergulho" de quem o produz na realidade a ser retratada.

Os documentários podem ser produzidos por emissoras de TV que privilegiem a exibição desse tipo de conteúdo em sua programação, mas não se trata de um formato específico do jornalismo. Um material como esse pode ser produzido unicamente pela vontade do autor, sem qualquer vinculação com aspectos comerciais.

Ainda conforme as indicações de Jespers (1998), as grandes reportagens costumam retratar diferentes pontos de vista sobre um tema atual e de interesse público, estando perfeitamente enquadradas às normas da emissora em que serão veiculadas.

Por se tratar de uma reportagem, exige a figura do repórter – que aparece no vídeo ou pode somente narrar o conteúdo em *off* – e busca abordar os mais variados aspectos, tentando dar conta da totalidade do tema. Diferentemente do documentário, que é marcado pela subjetividade, nas grandes reportagens, os jornalistas lançam mão de estratégias que indicam imparcialidade e objetividade. Um exemplo é o uso de entrevistas, que asseguram a verossimilhança do material (Alsina, 2009).

As grandes reportagens são utilizadas em coberturas especiais no telejornalismo diário, em séries especiais ou, ainda, em quadros específicos quando o perfil do programa admite o formato. Elas também costumam ser frequentes em revistas eletrônicas.

O documentário não tem um *deadline*, ou seja, um prazo para ser concluído, mas, assim como acontece com outras produções de jornalismo em TV, a grande reportagem deve ser finalizada até uma data-limite. Isso acontece para que os responsáveis pelo programa em que o material será veiculado tenham condições de planejar a data em que o conteúdo poderá ir ao ar – já prevendo o tempo destinado ao fechamento do texto e à edição e conferência do material bruto.

Para saber mais

BRIDI, S.; ZERO, P. Derretimento da Antártica já está seis vezes mais rápido do que há 40 anos. **Fantástico**. Rio de Janeiro: Rede Globo de Televisão, 12 maio 2019. Programa de televisão. Disponível em: <https://globoplay.globo.com/v/7610026/>. Acesso em: 10 dez. 2020.

Em maio de 2019, o *Fantástico*, revista eletrônica semanal da Rede Globo de Televisão, exibiu a grande reportagem "Derretimento da Antártica já está seis vezes mais rápido do que há 40 anos", produzida por Sônia Bridi e Paulo Zero. Vários aspectos interessantes podem ser observados no exemplo destacado. Inicialmente, atente para a construção da cabeça, em que a própria repórter chama o VT buscando contextualizar o assunto para os telespectadores. Na primeira passagem da reportagem, há o uso de efeitos de imagem como recurso para otimizar a compreensão do tema pelo público. Outro aspecto relevante é a utilização de imagens produzidas, sempre associadas ao texto e balizadas pela trilha sonora: note que cada detalhe mencionado no texto corresponde a uma imagem de maneira específica em alguns momentos. O uso de infografia e comparações também ajuda a compreender a importância de empregar elementos que vão ao encontro da necessidade de compreensão pelos telespectadores.

DOCUMENTÁRIOS: produção e exibição. **Ver TV**. Brasília: TV Brasil, 29 nov. 2013. Programa de televisão. Disponível em: <https://tvbrasil.ebc.com.br/vertv/episodio/documentarios-producao-e-exibicao>. Acesso em: 10 jan. 2021.

A TV Brasil manteve no ar o programa *Ver TV*, que, em novembro de 2013, dedicou uma edição inteira ao debate sobre documentários e, em especial, seu uso pela televisão. O programa conta com a participação de especialistas renomados e, apesar de já terem se passado alguns anos, o programa é interessante porque apresenta um compilado sobre a história do documentário na América e no Brasil, inclusive com a apresentação de imagens raras, e também porque discute especificamente o uso desse tipo de produção pelas redes de TV. É importante observar as tendências apontadas no programa de maneira crítica, como exercício de reflexão e compreensão.

KILLER Ratings. Direção: Daniel Bogado. Manaus/Rio de Janeiro: Caravan; Quicksilver, 2019. Série documental.

Em 2019, a Netflix lançou o documentário *Killer Ratings* (*Bandidos na TV*) sobre a história de Wallace Souza, jornalista do Amazonas que atuou como chefe do crime organizado na região. Além de ilustrar a produção de videodocumentário com apoio de pesquisa documental, permite a discussão a respeito dos limites éticos da profissão. O material conta com sete episódios e pode ser acessado diretamente pela plataforma.

THE THINNEST Border. Brasil: Ecocinema, 2019. Disponível em: <https://vimeo.com/193451266>. Acesso em: 10 dez. 2020.

A Ecocinema lançou em 2019 o documentário *The Thinnest Border* (*A fronteira fina*), que trata do trabalho de investigação realizado pelos jornalistas Mauri König, Diego Ribeiro, Felippe Anibal e Albari Rosa para a publicação da série de reportagens "Polícia fora da lei", veiculada pelo jornal *Gazeta do Povo* em 2012. O material permite observar o estilo da narrativa, bem como favorece a reflexão sobre os riscos envolvidos na prática do jornalismo investigativo.

2.2 Características do texto de TV

Para produzir textos jornalísticos mais claros, é essencial que o profissional tenha bom domínio da língua escrita para que possa expor as informações de maneira compreensível. Mas, mais do que isso, o repórter não pode perder de vista a necessidade de favorecer o entendimento das informações pela audiência.

Muitas vezes, para se fazer compreender, o jornalista de televisão precisa de um esforço de "tradução". Em outras palavras, em primeiro lugar, ele vai compreender a realidade que se propõe a retratar, para, depois, buscar formas de proporcionar o mesmo para a audiência. Uma das maneiras de fazer isso é por meio do uso de comparações e exemplos. O modo de introduzir os personagens no texto televisivo também pode auxiliar nesse sentido.

:: Concisão

Vera Íris Paternostro (1987) explica que concisão é a capacidade de transmitir o máximo de informações valendo-se do mínimo de palavras. É o chamado *texto enxuto*. Aqui, o redator se limita ao conteúdo da notícia, sem floreios e "gorduras".

A título de exemplo, imagine que você está redigindo um texto sobre agricultura:

> A preocupação dos produtores rurais do interior do Paraná é justificada. Com a proximidade do período de clima seco, sem chuvas e com temperaturas mais altas, e o atraso do trabalho nas plantações, a colheita dos grãos deverá ficar seriamente prejudicada nesta lavoura.

Uma opção mais concisa deve começar pelo corte das informações redundantes ou que não acrescentam nada ao texto, passando ainda pelo uso de uma linguagem mais direta. Assim, após a edição, teríamos:

> Os agricultores do Paraná precisam mesmo ficar preocupados. Com a seca e o atraso no plantio, a colheita dos grãos será prejudicada nesta lavoura.

:: Ordem direta

Outra característica do texto televisivo é o uso da ordem direta. A melhor maneira de explicar como deve ser a construção das frases é por meio da seguinte sequência lógica: sujeito + verbo + complementos (Cunha; Cintra, 2007).

Não existe muito segredo. As sentenças devem ser diretas, sem muitas construções entre vírgulas, com as frases ligeiramente mais curtas. Como o texto de televisão é feito para ser ouvido e compreendido "de uma vez", não devem ser usadas frases muito longas ou com estrutura complexa.

Se o telespectador tiver de parar para pensar no que o jornalista está querendo dizer, ele terá de fazer uma opção: ou presta atenção no restante da matéria sem ter entendido aquela frase, ou para de acompanhá-la para pensar no trecho complicado e desiste de assistir à reportagem. Nos dois casos, a compreensão das informações ficará bastante prejudicada. Observe o exemplo mostrado no Quadro 2.2.

Quadro 2.2 – Exemplo de estrutura de frase

Ordem direta	Ordem indireta
O candidato desistiu de concorrer ao cargo nas eleições deste ano na última semana por motivos de saúde.	Na última semana, o candidato desistiu, por motivos de saúde, de concorrer ao cargo nas eleições deste ano.

:: Precisão

Escrever um texto com precisão significa usar as palavras exatas, abstendo-se de empregar termos que possam gerar imprecisões (Paternostro, 1987). O repórter pode utilizar um vocabulário mais amplo, mas deve conhecer o significado dos termos e cuidar para que sua intenção se traduza exatamente naquilo que está sendo dito, evitando palavras vazias de significado ou genéricas.

Antes de tudo, para redigir um texto preciso, é necessário ter feito um trabalho rigoroso de apuração, porque, se o jornalista não dominar o assunto a ser abordado, pouco se pode esperar de sua capacidade de falar sobre ele.

Ainda existem os casos em que o repórter incorre em imprecisões. Considere a seguinte frase:

> A professora, no ano passado, visitou o consulado do país que sofreu o atentado.

Cabe questionar: A professora visitou o consulado atacado por terroristas ou visitou um consulado no país em que aconteceu um atentado?

Ainda para evitar ambiguidades, por exemplo, os pronomes possessivos da terceira pessoa do discurso – seu(s), sua(s) – não devem ser usados nos textos de TV. Observe a sentença:

> O presidente encontrou o senador com seu irmão.

Nesse caso, o presidente encontrou o próprio irmão com o senador ou encontrou o senador e este estava com o próprio irmão?

Se você, que pode ler novamente essas frases a qualquer momento, ficou em dúvida, imagine o que aconteceria com um telespectador ao ouvi-las. O texto jornalístico de TV deve ser preciso exatamente por isso.

:: Vocabulário qualificado

Em TV, também é preciso evitar chavões e lugares comuns. Os chavões constituem expressões que são amplamente utilizadas em textos de televisão, mas que, na verdade, não acrescentam nada em termos de informação.

Para ilustrar:

> Você vai conhecer um "pedacinho" da Holanda no Paraná.
>
> Agora, vamos mostrar para você um "pedacinho" da Suíça brasileira.
>
> É tanto "pedaço" que falta qualidade de informação.

No caso dos lugares-comuns, ou clichês, a preocupação é com o uso indiscriminado de construções textuais que, apesar de serem bastante populares, não fazem qualquer sentido em textos jornalísticos. Vamos citar dois exemplos:

> A empresa **fechou o ano com chave de ouro**. Ela é um exemplo de como **dar a volta por cima**.
>
> Hoje, o **sol deu as caras** nas primeiras horas da manhã.

Em resumo, a regra é evitar qualquer expressão que empobreça o texto.

:: Objetividade

Um texto objetivo vai direto ao ponto, transmite a informação sem rodeios, por meio de frases curtas e da exposição de ideias de maneira compreensível.

Em síntese, a observação de todas as características já expostas – concisão, precisão e clareza – garante que a notícia seja apresentada de maneira objetiva.

:: Uso de artigos

Na construção do texto de TV, também existem outros aspectos que devem ser observados para garantir a coerência na apresentação das informações, entre os quais está o uso de artigos definidos (*o, os, a, as*) e indefinidos (*um, uns, uma, umas*) e de adjetivos.

Heródoto Barbeiro e Paulo Rodolfo de Lima (2005, p. 99) consideram que os artigos são extremamente necessários no texto televisivo: "Os artigos não devem ser suprimidos, especialmente nas manchetes. O uso do artigo tem função importante na linguagem coloquial da TV". Entretanto, no rádio, eles são evitados para economizar tempo (Meditsch, 2005).

:: Uso de adjetivos

Quando se pensa em texto jornalístico para TV, uma das primeiras questões a serem observadas é a objetividade da narrativa. Por isso, o uso de adjetivos – termo que se refere a um substantivo indicando uma característica, atributo ou propriedade – exige atenção.

Para Guilherme Jorge de Rezende (2000, p. 99), tanto os adjetivos quanto os advérbios devem ser usados com cautela em textos para a televisão: "Os manuais de redação advertem que eles (adjetivos e advérbios) devem ser empregados apenas quando forem imprescindíveis à clareza da mensagem".

Paternostro (1987), por sua vez, considera que os adjetivos não devem ser usados se o único objetivo for "enfeitar as frases". Para ela, seu uso deve ocorrer quando existe a necessidade de complementar uma informação por meio da adjetivação. O que Paternostro e Rezende tentam deixar claro é que há casos específicos em que é preciso usar um adjetivo para tornar a informação mais compreensível para a audiência.

:: Números no texto de TV

Os numerais são utilizados para designar valores, medidas, quantidades, porcentagens, por isso sua presença no texto jornalístico é constante.

Para facilitar a leitura pelo apresentador, locutor ou repórter, a maioria dos autores orienta que os algarismos devem ser escritos por extenso (Barbeiro; Lima, 2005). O *lead* (parágrafo que abre o texto noticioso) nunca deve começar com um número (Paternostro, 1987).

Barbeiro e Lima (2005, p. 100) assinalam que o ideal é trabalhar com valores arredondados e/ou aproximados. Esse raciocínio é pertinente, em especial, quando se trata de preços e medidas: "Em algumas situações, os números podem ser simplificados para que o telespectador capte melhor a informação".

Vejamos um exemplo:

> O país exportou 8.900.456 de toneladas.

O ideal é usar:

> O país exportou quase nove milhões de toneladas.

Quando o número é a notícia, a orientação citada anteriormente cai por terra (Barbeiro; Lima, 2005): "Nunca arredonde um número quando ele for a notícia" (Paternostro, 1987, p. 74). Essa orientação vale para situações como estas:

> Preço do gás sobre para R$ 76,50.
>
> Gasolina fica 13,5% mais cara amanhã.

Paternostro (1987, p. 74) enfatiza que, quando se trabalha com números grandes ou altas quantias, o caminho mais adequado é o da comparação envolvendo os valores: "Comparar grandes números com o dia a dia do telespectador é dar uma ideia mais clara do que representam".

Observe os seguintes exemplos:

> A floresta perde, em média, 2.110 hectares por dia. Isso é o equivalente a 1,9 mil campos de futebol no padrão Fifa.
>
> O prêmio da loteria está acumulado em R$ 300 milhões. Com esse valor, seria possível adquirir 100 Ferraris superesportivas ou 42 iates de luxo.

Os manuais de telejornalismo também chamam a atenção para os casos que envolvem a utilização de sistemas internacionais (Barbeiro; Lima, 2005, p. 100). É preciso dar atenção especial a medidas estrangeiras, termos que indicam extensão, altura e velocidade. Para compreender melhor esse ponto, observe os exemplos a seguir:

> Neste domingo, faz frio em Manchester, no Reino Unido. Os termômetros marcam 42° Farenheit, ou seja, o mesmo que seis graus Celsius no Brasil.
>
> Quando desembarcou no Aeroporto Internacional de Orlando, nos Estados Unidos, os agentes federais flagraram uma mala com 165 libras de cocaína. A medida, no Brasil, equivale a 75 quilos.

:: **Horas no texto de TV**

Outro assunto que costuma gerar dúvidas no campo da reportagem é a forma adequada de apresentar as horas no texto jornalístico de TV. Em televisão, é comum seguir este padrão: cada dia é dividido em 12 horas referentes ao período solar e 12 horas noturnas (Paternostro, 1987).

Assim, considera-se como manhã o intervalo das seis horas da manhã ao meio-dia; como tarde o espaço de tempo entre o meio-dia e as seis horas da tarde; e como noite o período das seis horas da tarde até a meia-noite. Ao registrar o horário em um texto de TV, por exemplo, o jornalista jamais deve usar *O acidente aconteceu às dezesseis horas*. O correto é apresentar a informação da seguinte maneira: *O acidente aconteceu às quatro horas da tarde* (Paternostro, 1987).

Outra maneira de ilustrar o tempo em uma reportagem é por meio da referência indireta ao período do dia: *Antes de o sol nascer, eles já estão no metrô*. Porém, quando o horário exato é uma informação relevante para a reportagem ou, ainda, quando ele é a própria notícia, não pode ficar de fora do texto.

No âmbito regional ou estadual, a questão do uso das horas no texto de televisão é relativamente simples. No entanto, se o jornalista estiver produzindo um VT para divulgação em edições nacionais ou se, efetivamente, trabalhar em uma equipe designada para a cobertura nacional, precisará ter mais atenção com relação a esse quesito.

O Brasil tem quatro fusos horários, ou seja, com quatro horários diferenciados de acordo com a faixa territorial. Diante disso e para evitar eventuais confusões, os jornais destinados ao público nacional costumam fazer referência ao horário oficial de Brasília, designando como padrão a hora da capital federal. Contudo, se a diferença entre os fusos horários for relevante para a compreensão da notícia, esse dado deverá ser exposto e esclarecido para a audiência.

:: Uso de verbos nos textos telejornalísticos

Para produzir textos com bom ritmo e adequados à compreensão pelos telespectadores, o jornalista de TV deve saber trabalhar bem com os tempos e modos verbais em seus textos. A escolha apropriada de um verbo pode ser determinante para que a reportagem seja mais ou menos monótona, por exemplo.

O uso de gerúndios – forma nominal dos verbos terminada em -*ndo* – deve ser evitado ao máximo, pois eles enfraquecem os textos (Barbeiro; Lima, 2005). Essa forma indica continuidade, ou seja, uma ação em andamento, por isso torna o ritmo de narração mais lento. No *lead*, então, o uso desses termos é inadmissível.

Segundo Barbeiro e Lima (2005, p. 99), existem formas verbais que são mais adequadas aos textos de televisão. Entre outras questões, os autores aconselham: "prefira o uso do presente do indicativo e do futuro composto quando se referir ao que vai acontecer".

Quadro 2.3 – Como usar formas verbais no texto de TV

Evite	Formas verbais indicadas	
Gerúndio	Presente do indicativo	Futuro composto do subjuntivo
Correndo	Eu corro	Quando eu tiver corrido
	Ele corre	Quando ele tiver corrido
	Nós corremos	Quando nós tivermos corrido
	Eles correm	Quando eles tiverem corrido

:: Termos estrangeiros e sobrenomes

Paternostro (1987) recomenda evitar, ao máximo, o uso de estrangeirismos. Segundo a autora, se houver, realmente, a necessidade de usar uma palavra estrangeira no texto, é preciso que se explique o que ela significa.

Outra questão se refere às siglas estrangeiras, que devem sempre aparecer no texto de maneira adaptada para facilitar a compreensão pela audiência (Barbeiro; Lima, 2005, p. 100). Observe o exemplo:

> O atentado contra o político foi cometido por membros da KGB, o serviço secreto da antiga União Soviética.

Em vez de usar a tradução literal (no caso da KGB, seria algo como "Comitê de Segurança do Estado"), o melhor é explicar o que aquela sigla significa.

Com relação aos sobrenomes dos entrevistados, antes de pensar em pronúncia correta, é preciso chamar a atenção para um detalhe ainda mais elementar. O repórter não deve, em hipótese alguma, julgar que sabe escrever corretamente o sobrenome de alguém porque conseguiu repeti-lo com facilidade. Não podemos esquecer que o Brasil recebeu imigrantes oriundos dos mais variados países, e muitos contam com nomes e sobrenomes com formas bastante peculiares de escrita.

Além de contar com algum meio de anotação – um bloco de notas, um *laptop* ou um telefone celular –, o jornalista também deve gravar a indicação da fonte antes da sonora.

:: A universalidade da linguagem televisiva

Diferentemente do que acontece no radiojornalismo, se um telespectador visualiza um artista de cinema ou qualquer personalidade na tela da televisão, poderá identificá-lo facilmente (Rezende, 2000), mesmo que seja analfabeto(a). Isso acontece porque, nesse caso, a mediação por meio da língua é desnecessária. Em outras palavras, a pessoa que está acompanhando o programa jornalístico não precisa ter passado por um processo de letramento (embora isso seja amplamente desejável, por uma série de razões) para entender o que está sendo informado e sobre quem determinado programa está falando.

Diante dessa "capacidade expressiva da imagem" e por meio do casamento dela com o texto, a "linguagem televisiva torna-se universal" (Rezende, 2000, p. 39). Por *universalidade* entendemos, aqui, a capacidade que as mensagens têm de serem compreendidas e reapropriadas por todos os integrantes da audiência.

Para Rezende (2000, p. 39), assim, teoricamente, os três problemas básicos da comunicação seriam solucionados pela televisão: "o do tempo (pelo imediatismo); o do espaço (pela instantaneidade e ubiquidade[2]); e o do símbolo (pela universalidade da linguagem visual)".

---

2   Ubiquidade: capacidade de estar presente em vários lugares ao mesmo tempo; também pode ser considerada sinônimo de *onipresença*.

2.3
Cuidados na produção textual em telejornalismo

O jornalista precisa ter muito cuidado ao elaborar textos jornalísticos para a TV. Além da questão da conquista da audiência – que não é o objetivo final do jornalismo televisivo – e da correção gramatical, o profissional deve manter um compromisso ético em relação à exatidão das informações apresentadas nos textos.

A imprecisão ou a ocorrência de qualquer outro erro na transmissão de informações jornalísticas é muito grave, por isso, assim que for constatada a falha, ela deve ser corrigida imediatamente. Entretanto, pode acontecer de a informação equivocada ou incompleta ser corrigida somente no dia seguinte. Nesse caso, surge a dúvida: Todas as pessoas que acompanharam a "meia informação" anterior estarão acompanhando o telejornal?

Para evitar essa situação, a cautela deve ser redobrada na apuração das notícias e na elaboração dos textos. Uma notícia incorreta e/ou imprecisa pode ser tão prejudicial quanto a ausência daquela informação. Nunca podemos perder de vista a responsabilidade que o jornalista tem com relação ao público.

No livro *Jornalismo diante das câmeras*, Ivor Yorke (1998, p. 72) lista os quatro erros mais comuns na hora de fechar o texto de uma reportagem. Para reforçarmos os cuidados, vamos listá-los aqui:

1. escrever o texto com mais palavras do que a duração das imagens permite;

> 2. redigir o texto sem prestar atenção ao conteúdo exato das imagens, fazendo referência a detalhes que podem não estar contemplados;
> 3. escrever o que o público é capaz de ver por si mesmo nas imagens;
> 4. descuidar da precisão, como no caso de mencionar que os carros travaram o trânsito e, nas imagens, aparecerem caminhões e motocicletas.

:: Informação com ritmo

Como já destacamos, não é qualquer palavra que cai bem em um texto jornalístico na televisão, por isso é preciso adotar uma linguagem coloquial, com vocabulário mais simples, de modo a facilitar a compreensão pelo público, que é bastante heterogêneo. Além disso, a escolha dos termos usados em uma reportagem também interfere na condição de narração por parte do jornalista e, em certa medida, na recepção das informações pelo público.

Entre as questões que podem interferir no ritmo da narração estão os cacófatos (palavras que podem apresentar um sentido diverso ao serem pronunciadas em conjunto, como *por cada*) e as rimas e/ou palavras com a mesma terminação (por exemplo, *A sessão começou com uma manifestação de leitores da nova geração*).

A redação de frases curtas e na ordem direta igualmente ajuda a dar ritmo e velocidade à narração, mas há outro aspecto relevante: a entonação adotada na hora de gravar um *off* ou uma passagem. Conforme Barbeiro e Lima (2005, p. 73), "o tom ideal, de acordo com cada acontecimento, é alcançado com a prática".

A pontuação correta do texto também merece atenção especial no momento da redação. O uso adequado da pontuação facilita a entonação da voz e a respiração do apresentador ou repórter (Barbeiro; Lima, 2005) ao gravar uma passagem ou narrar um texto.

Entretanto, nem sempre as dificuldades de narração estão associadas somente à forma da escrita do texto. Nesse sentido, Yorke (1998, p. 57) aponta como deficiências de locução: comunicação monótona, diminuição da voz no final das frases, ênfase na palavra e/ou sílaba errada, além da omissão do "s" no plural e do "r" na terminação dos verbos.

Essas questões citadas por Yorke estão relacionadas à capacidade de expressão oral, e não propriamente à habilidade de narração/locução ou à redação. No entanto, como, em TV, os textos são escritos para serem ouvidos, a maneira como o jornalista narra um *off* ou grava uma passagem pode ser determinante para que a reportagem que ele produziu cumpra ou não a função de informar adequadamente a sociedade.

A "produção da voz" (Yorke, 1998), portanto, deve ser uma preocupação constante do repórter de TV porque o texto, em jornalismo televisivo, não se limita ao que o jornalista escreve, mas é determinado também pela maneira como o profissional dele se apropria, usando a própria voz como instrumento de trabalho.

:: **A personalidade da voz**

Yorke (1998) considera como "produção da voz" as questões relacionadas à coerência da pronúncia, à clareza na locução, à postura do repórter e, ainda, ao controle apropriado da respiração. O conjunto formado pela união desses fatores, para o autor, é fundamental para a percepção de credibilidade pelo público. Para Yorke, quanto melhor for a condição de expressão oral do jornalista, mais confiável este parecerá ao público.

A respeito desse assunto, Bistane e Bacellar (2006, p. 101-104) registram:

> Na voz de quem grava, o texto de televisão ganha mais vida. O *off* pode ficar melhor ou pior, depende do narrador. Entonação, ritmo, pausa no momento certo fazem a diferença. Uma boa voz, bem colocada, ajuda a compreender o que está sendo dito. E interfere na imagem do repórter ou do apresentador. A voz diz muito sobre a pessoa. Revela se estamos confiantes ou inseguros e é também um indicativo da nossa origem sociocultural e da região onde nascemos, seja pelo sotaque ou pela maneira como articulamos as palavras [...].

A entonação está diretamente relacionada à capacidade de colocar emoção no texto narrado. Regina Villela (2008) observa que a respiração é um dos aspectos que ajudam a manter a personalidade da voz. Para a autora, cada profissional deve buscar a sua "persona televisiva": aquela que "surge através do tom, tempo e modo como (ele) enfatiza a sua fala e movimento" (Villela, 2008, p. 60-61). O repórter deve ser, segundo Villela, sempre ele mesmo.

Paternostro (1987) frisa que o repórter, antes de gravar o *off*, deve fazer a leitura do próprio texto em voz alta, de preferência com os olhos fechados. Com isso, conseguirá verificar a sonoridade das palavras, bem como observar se o ritmo da narração não está prejudicado por alguma razão. Também vale consultar o editor de texto ou outros colegas de redação. O profissional pode estar tão envolvido com o próprio texto, que não consegue perceber alguma falha ou incorreção.

Especificamente com relação à importância dos cuidados com a questão vocal dos jornalistas, Leny Kyrillos, Cláudia Cotes e Deborah Feijó escrevem, em *Voz e corpo na TV: a fonoaudiologia a serviço da comunicação* (2006), que a alimentação pode ter relação direta com a qualidade da narração/locução do profissional. Elas também enfatizam a adoção de outros hábitos saudáveis, como não fumar.

Entre as orientações apresentadas pelas autoras está a recomendação do consumo de frutas cítricas, que ajudam a estimular a salivação e também a relaxar os músculos relacionados à voz.

O café é apontado como um vilão, porque pode causar irritação na garganta, prejudicando a qualidade da voz.

Esses são apenas alguns exemplos do que pode ser feito para melhorar a qualidade da voz na locução do texto pelo jornalista. Cabe a cada estudante e/ou repórter adotar uma rotina de cuidados que ajude a melhorar a própria condição de exercício da profissão. Na dúvida, sempre é válido buscar a ajuda de um profissional. Afinal, mesmo sem ter uma voz perfeita, existem técnicas específicas para melhorar a própria condição de fala.

Importante!

Para cuidar da voz:

Evite: ar-condicionado, bebidas alcoólicas, consumo excessivo de café e alguns medicamentos, como antialérgicos, cigarro, leite e derivados, além de chocolate. O fumo irrita a garganta e pode causar laringite; o álcool pode alterar seriamente a qualidade vocal. O ar-condicionado causa ressecamento do aparelho fonador e pode prejudicar as cordas vocais. O consumo de determinados alimentos (como os citados aqui) pode desidratar e irritar a garganta, além de causar refluxo.

Habitue-se: a tomar muita água, sucos cítricos e chá quente, comer maçã, dormir bem e manter uma boa qualidade de vida. Esses hábitos ajudam a "limpar" a garganta e a manter o bem-estar e os cuidados com a qualidade vocal.

Para saber mais

KYRILLOS, L. Como falar bem: voz – qualidade e tons. **Você S/A**, 27 maio 2009. Disponível em:< https://www.youtube.com/watch?v=8U_4wTG417g>. Acesso em: 10 jan. 2021.

Nesse vídeo, a fonoaudióloga Leny Kyrillos fala sobre a personalidade da voz e como usá-la para transmitir segurança e credibilidade, conhecimento bastante relevante para quem trabalha com telejornalismo.

:: A importância da bagagem cultural

Villela (2008, p. 173) enfatiza que "tanto quanto criatividade, o texto de TV exige disciplina". Ainda segundo a autora, quanto mais o jornalista ler e/ou buscar informações sobre os assuntos com os quais trabalha, melhor será a qualidade de sua escrita.

A disciplina a que se refere a autora não deve ser exercida somente na redação ou quando se está fora dela e a serviço de uma emissora de televisão. O mínimo que se espera de um jornalista é, por exemplo, que ele se mantenha bem informado. O profissional deve estar em compasso com a realidade, ou seja, acompanhando atentamente as notícias e as questões relevantes do mundo em que vive.

Se o profissional deixar para se informar somente no momento de ler o material de apoio preparado pelo produtor, a situação poderá ficar muito difícil. Conforme já destacamos, quanto mais informações chegarem ao jornalista, maior será sua bagagem. Assim, ele terá mais condições de organizar as informações no próprio texto, para que elas sejam compreensíveis pela audiência.

O repórter bem informado sabe quando usar comparações e/ou analogias para esclarecer uma questão para a audiência e, também, terá melhor desempenho na condução de entrevistas, dentro e fora do estúdio. É preciso estar bem preparado e investir na própria qualificação, não somente técnica, rotineiramente.

2.4
Texto *versus* imagem: uma relação equilibrada

Diante de tudo o que já foi comentado até aqui, podemos enfatizar que a essência do jornalismo de TV está em busca o equilíbrio entre a imagem e o texto na hora da produção (Casoy citado por Rezende, 2000). É claro que cada caso é diferente e que, em algumas situações, é possível que o texto prevaleça sobre a imagem, e vice-versa.

Entretanto, se o que buscamos é o estabelecimento de uma comunicação efetiva, agradável e interessante para a audiência, é preciso que a produção textual esteja plenamente ancorada no aspecto visual da notícia apresentada na televisão.

Nessa relação entre imagens e texto, o som é protagonista. Ao citar o autor francês Michel Chion, Rezende (2000) assinala que a televisão é uma espécie de rádio ilustrada. Com isso, na visão de Rezende, o som da palavra exerce um "papel central" na condução das narrativas. Afinal, para que o telespectador seja orientado para a compreensão das notícias, é importante que o texto e os sons tenham a capacidade de se somar às imagens na produção de sentidos.

O som gravado junto com as imagens também se constitui em um aspecto bastante rico para o trabalho do jornalista. Desse modo, é sempre válida a recomendação: antes de escrever o texto da reportagem, sempre veja e ouça as imagens. O barulho de um vulcão entrando em erupção, por exemplo, pode ser o ponto de partida para um VT mais dinâmico e interessante e, até mesmo, ser uma boa aposta para uma abertura mais atrativa para uma matéria de TV.

Yorke (1998, p. 68-70) orienta que os jornalistas observem as imagens atentando para os sons: "escolha as imagens e sons mais adequados para a história que você quer contar. Preste atenção a qualquer detalhe que possa compor um bom *script*[3] e tente fazer um esboço do que pretende escrever".

O "sobe som", "abre áudio" ou "sobe áudio"[4], além das sonoras, são "sons que podem valorizar a notícia" (Villela, 2008, p. 35). Mesmo na hora de ilustrar uma reportagem, é desejável que os ruídos de fundo, naturais do ambiente, sejam mantidos. Em outras palavras, os registros sonoros sempre serão aproveitados, em primeiro ou em segundo plano.

O jornalista deve ser um "observador rigoroso", conforme Villela (2008, p. 49), pois "muitas notícias chegam ao público somente através daquilo que o repórter conta sobre o que os outros viram". Por essa razão, o repórter deve ter a capacidade de antever as imagens cujo som ambiente poderá ser aproveitado na reportagem e que será útil para melhorar o grau de comunicação com a audiência.

Para Barbeiro e Lima (2005, p. 97), "é a sensibilidade do jornalista que vai fazer essa 'união' (entre texto e imagem) atingir o

---

3   *Script*: "A lauda no telejornalismo. Possui características especiais e espaços que devem ser obedecidos na operação do telejornal. Em emissoras informatizadas, o mesmo formato de *script* foi criado nos terminais para serem escritos textos e matérias" (Barbeiro; Lima, 2005, p. 168).

4   Termos em referência ao *background*, ou simplesmente BG: "ruído do ambiente ou música que acompanha, ao fundo, a fala do repórter. Áudio ambiente. O BG não pode prejudicar o áudio do repórter" (Barbeiro; Lima, 2005, p. 163), mas também pode ser usado em primeiro plano (desacompanhado do áudio do jornalista) quando contiver uma informação sonora relevante para a compreensão do contexto da notícia. Exemplos: sons do fogo crepitando em um incêndio de grandes proporções; pedido de socorro de uma pessoa acidentalmente pendurada em uma ponte após um acidente.

objetivo de levar ao ar uma informação fácil de ser compreendida pelo telespectador".

Em resumo, trabalhar com a linguagem audiovisual é apaixonante, mas exige uma ambivalência do jornalista, que precisa ser capacitado para dar conta dos desafios diários da profissão.

:: Quando a imagem precisa ser produzida

Nem sempre a falta de uma imagem pode ser solucionada somente com a utilização de um material de arquivo. Existem casos específicos em que o repórter precisa citar determinadas informações no texto e em que a única solução possível é apelar para o setor de infografia. Se a emissora não contar com esse profissional, o próprio editor de imagem pode dar uma ajuda – embora isso não seja o ideal.

Vamos supor que o repórter está escrevendo um texto em que seja preciso listar os documentos necessários para ter acesso a determinada política pública, por exemplo, um financiamento estudantil pelo governo. Talvez a forma de fazer com que a informação seja mais bem assimilada pela audiência seja apelar para o uso de um infográfico: um texto é montado sobre uma tela (base) fixa no vídeo e os letreiros podem ou não ser animados.

Outro caso em que o setor de arte/infografia pode ser necessário se dá quando é preciso ilustrar a maneira como teria ocorrido um sequestro, por exemplo. Pode-se, nessa situação, recorrer à elaboração de uma simulação animada para mostrar como tal crime teria ocorrido para a audiência.

Mesmo assim, da mesma maneira que ocorre com relação ao uso de imagens de arquivo, se não há na pauta a indicação de que será usado um infográfico na reportagem, assim que percebe essa necessidade, o repórter deve consultar o editor de texto ou o editor-chefe sobre tal possibilidade. Como a infografia precisa ser previamente elaborada e aprovada, nem sempre poderá ser concluída em tempo hábil se a solicitação ocorrer de última hora.

:: Em busca do singular

Como se observa em toda prática jornalística, em telejornalismo não é diferente: o que importa é conseguir revelar a singularidade dos fatos, atendendo às particularidades do meio televisivo. E quais são essas questões particulares? São várias, mas a principal delas é viabilizar a transmissão de informações ao público por meio da exibição de imagens e sons, acrescentando algo a mais por meio do significado adicional obtido com as palavras (Rezende, 2000).

Para Rezende (2000, p. 73), "com a transmissão direta de imagens e sons, a TV realiza sua obra jornalística máxima". Isso porque é por meio do trabalho dos profissionais de televisão que as pessoas que acompanham o telejornal conseguirão "testemunhar um fato" como se estivessem naquele local.

Bistane e Bacellar (2006) defendem que o repórter é um contador de histórias com personagens reais. Na avaliação das autoras, nenhum dos elementos do audiovisual – texto, imagem e som – deve ser pensado separadamente, embora algum deles possa se sobressair em um material ou outro:

> Na televisão, a notícia pode e deve começar das mais diferentes maneiras. Em alguns casos, o melhor para abrir o VT pode

ser uma boa imagem de impacto. Ou, quem sabe, um barulho revelador. Ou, ainda, uma declaração importante, poética ou completamente inusitada. Tudo vai depender do assunto abordado, e também da "sacada" do observador. Pode parecer subjetivo, e é. (Bistane; Bacellar, 2006, p. 13-14)

E é essa subjetividade que, de certa maneira, vai garantir que um profissional possa alçar voos mais altos na carreira. As técnicas podem ser aprendidas e praticadas, mas o talento é algo particular, pessoal e intransferível.

Síntese

O texto para o telejornalismo precisa ser coloquial, preciso, claro, objetivo, neutro e escrito em uma linguagem que privilegie a universalidade. Entre as marcas da produção textual no jornalismo, estão a presença de informações atuais e a organização em forma de *lead*, em que as informações mais importantes para compreender o contexto são dispostas no primeiro parágrafo.

Diferentemente do que acontece no jornalismo impresso, no noticiário da TV o *lead* quase sempre será colocado na cabeça da matéria, que será lida pelo apresentador para chamar a reportagem. Portanto, no telejornalismo, é preciso ter muita criatividade e atenção aos detalhes para que a notícia seja apresentada da forma mais atrativa para o telespectador.

Outro aspecto referente ao telejornalismo é a possibilidade de integrar mais de um gênero e formato no mesmo programa. Os materiais veiculados no noticiário de televisão podem ser classificados quanto ao gênero da seguinte forma: informativos, opinativos, interpretativos e de entretenimento.

Entre os formatos mais frequentes em cada um dos gêneros, é possível citar: no informativo, reportagens, transmissões ao vivo, *stand-ups*, além de notas cobertas e simples; no opinativo, crônicas, editoriais e comentários; no interpretativo, videodocumentários e grandes reportagens; no de entretenimento, revistas eletrônicas e programas segmentados.

Além de ter em mente o gênero e o formato do material que será produzido, é preciso saber planejar a narrativa. Nesse sentido, é importante que o jornalista tenha uma ideia prévia de como vai estruturar o texto, adaptando esse plano a todas as etapas da reportagem.

Como vimos, para escrever com precisão, coerência, correção, clareza e ritmo, é necessário usar frases curtas e na ordem direta, mantendo-se sempre uma correta pontuação. Além disso, o jornalista com boa formação cultural terá mais facilidade no momento de produzir textos que atendam à universalidade da TV.

O texto no jornalismo televisivo, como acontece nas produções audiovisuais, deve buscar o equilíbrio entre imagens, texto e som. Em algumas situações, é possível que alguns desses elementos se sobressaiam, exigindo adaptações na produção. Um exemplo é o caso em que é preciso incluir no texto informações para as quais não há imagens correspondentes. Nessa situação, é possível buscar alternativas como o suporte infográfico.

Questões para revisão

1. Com relação aos formatos telejornalísticos ligados ao gênero opinativo, apresente ao menos uma diferença entre crônica, comentário e editorial em um telejornal.

2. O que fazer se você precisar incluir algo no texto de uma reportagem que está escrevendo e não tiver imagens para cobrir essas informações? Aponte, no mínimo, uma opção e explique.

3. Considerando as principais características de um texto jornalístico de TV, analise as afirmativas a seguir sobre os principais aspectos relacionados à clareza:

    I) A clareza pode ser verificada na maneira como o jornalista constrói seu texto, sempre primando pela exposição mais coerente das informações.

    II) Essa característica está relacionada à capacidade de elaborar as frases com o máximo de informações usando o mínimo de palavras.

    III) Esse aspecto deve pautar o trabalho do jornalista tanto em relação à construção do texto quanto no que se refere à capacidade de expressão oral.

    Agora, assinale a alternativa correta:

    a) As afirmativas I, II e III estão corretas.
    b) Apenas a afirmativa II está correta.
    c) Apenas as afirmativas I e III estão corretas.
    d) Apenas a afirmativa I está correta.
    e) Apenas a afirmativa III está correta.

4. Com base nos aspectos técnicos enfatizados ao longo deste capítulo, analise se as afirmativas a seguir são verdadeiras (V) ou falsas (F) quanto aos procedimentos que devem ser adotados para a produção de um texto jornalístico com simplicidade:

( ) Usar uma linguagem mais rebuscada, para transmitir mais credibilidade à audiência.

( ) Escrever frases na ordem direta, que busquem encadear os fatos de maneira cronológica.

( ) Evitar o uso de gírias e palavras vulgares, pois isso empobrece o texto e o deixa menos atrativo.

( ) Sempre que possível, fazer uso de chavões para tornar a linguagem mais coloquial.

( ) Apresentar as informações da maneira mais objetiva, sempre primando pela coerência.

Agora, assinale a alternativa que indica a sequência correta:

a) F, V, V, V, F.
b) V, F, V, F, V.
c) F, F, F, V, V.
d) F, V, V, F, V.
e) V, F, F, V, V.

5. Leia o texto a seguir:

> O trabalhador João Cândido da Rocha, marceneiro de profissão, saiu do sertão do Ceará há 20 anos e, desde então, dedica-se à produção de violão. A mudança de rumos foi motivada depois de uma decepção: João passou fome assim que

> chegou à cidade grande e não teve outra opção senão mudar de profissão.

Considerando que é preciso harmonizar a questão da sonoridade, assinale a alternativa em que o trecho está reescrito da maneira correta. Lembre-se de que, além de corrigir a sonoridade, é necessário preservar o sentido das informações:

a) O trabalhador João Cândido da Rocha, marceneiro de profissão, saiu do sertão do Ceará há 20 anos e, desde então, constrói violões. Como João passou fome assim que chegou à cidade grande, não teve outra opção senão mudar de profissão.

b) O trabalhador João Cândido da Rocha, marceneiro de profissão, saiu do sertão do Ceará há 20 anos e mudou de profissão depois de passar fome.

c) O marceneiro João Cândido da Rocha saiu do Ceará há 20 anos e, desde então, tem se dedicado a fazer violões. Como João passou fome assim que chegou à cidade grande, precisou buscar outra atividade profissional.

d) O trabalhador João Cândido da Rocha, marceneiro de profissão, saiu do sertão do Ceará há 20 anos e já passou até fome. Por isso, ao chegar à cidade grande, não teve outra opção senão mudar de profissão.

e) Nenhuma das alternativas anteriores está correta.

Questões para reflexão

1. Considerando que você é o editor-chefe de um telejornal que está no ar e que um dos repórteres de sua equipe acabou de noticiar (em um *link*, de última hora) que existe um processo gravíssimo contra o atual governador de seu estado envolvendo desvio de recursos da educação, qual é a melhor atitude a tomar caso se descubra que o Ministério Público acaba de corrigir a informação reduzindo, consideravelmente, a participação do governador no esquema? Lembre-se sempre de que existe um compromisso ético com relação ao que se noticia para o público. Justifique sua escolha.

2. Se você tivesse de produzir um material jornalístico "livre" sobre um pequeno macaco que interrompeu a atividade parlamentar no Congresso Nacional e tivesse recebido orientação para explorar ao máximo as várias imagens do animal nesse contexto, mas apresentando as informações de uma maneira mais leve, qual seria sua melhor opção: escrever uma reportagem ou uma crônica? Justifique a resposta destacando ao menos duas características do texto escolhido. Não esqueça que o telejornalismo está, cada vez mais, se abrindo a outros modelos de narrativa, que vão além do tradicional VT.

A J M R L G S N I M L
J A L N M S I G R S G

Parte 02

Processos jornalísticos em TV

Capítulo
03

Hierarquia, apuração e produção

Dirk Lopes

Conteúdos do capítulo:

- Processos da atividade jornalística em TV.
- Concepção do produto jornalístico.
- Formas de apuração da informação.
- Importância do domínio da língua escrita.

Após o estudo deste capítulo, você será capaz de:

1. compreender a estrutura produtiva da televisão;
2. cumprir com a distribuição de funções;
3. cumprir com as etapas da produção jornalística em TV.

> "Nas rotinas produtivas do jornalismo, a televisão tem como seu componente fundamental o trabalho em equipe. A divisão de atribuições no telejornalismo praticamente anula a possibilidade de uma autoria exclusiva, já que uma reportagem é construída a muitas mãos...". (Peixoto; Porcello, 2016, p. 125-126)

A atuação de jornalistas na produção de telejornais exige o cumprimento de várias tarefas diárias, que vão desde a apuração de informações até a busca por personagens para as reportagens e por ângulos diferenciados para as matérias, sem perder de vista os aspectos técnicos.

Além de trabalhar efetivamente com a produção noticiosa, o produtor também presta atendimento ao público, quando existem questionamentos e/ou observações acerca dos materiais veiculados. As pessoas devem se sentir acolhidas e essa relação de confiança poderá ser determinante em momentos específicos.

3.1
Funções no telejornalismo

A hierarquia profissional no telejornalismo é fundamental para esse setor dentro de uma emissora. O número de colaboradores depende, obviamente, do tamanho da empresa, mas, em geral, são os mesmos cargos. Em algumas empresas, um jornalista desempenha mais de uma função; em outras, há cargos mais específicos.

O editor-chefe é o responsável direto pelo telejornal. É ele quem seleciona as pautas a serem exploradas e as reportagens que vão para o ar. William Bonner (2009) explica que esse profissional é quem elabora o espelho (conteúdo previamente definido) do telejornal, amparando-se em uma ordem (quais reportagens devem abrir a edição e quais podem ficar para o final, por exemplo).

Ainda sobre as funções do editor-chefe, Washington José de Souza Filho (2015) observa que os jornalistas que ocupam essa posição redigem as informações necessárias para exibir determinado conteúdo, ou seja, os detalhes técnicos relacionados ao momento em que a reportagem será efetivamente colocada no ar, a partir da suíte de transmissão. "Se o editor-chefe é o apresentador, pode ter um editor-executivo ou editor-chefe-adjunto, responsável pela exibição" (Souza Filho, 2015, p. 395).

Já os editores de texto e de imagem (este não precisa ser, obrigatoriamente, jornalista) são os que finalizam os videoteipes, ou VTs[1]. William Bonner (2009, p. 53) considera que os editores de texto têm a missão de fazer com que as notícias sejam contadas da melhor forma possível: "O editor de texto deve dominar a língua portuguesa e os recursos de montagem em televisão. Os melhores profissionais de edição de texto realizam um trabalho semelhante ao de um roteirista de cinema e de TV".

Souza Filho (2015, p. 206) enfatiza ainda que os editores complementam o trabalho iniciado pelas equipes de reportagem. Especificamente sobre os profissionais envolvidos nessa articulação, o autor escreve:

> No Brasil, existe entre os jornalistas um profissional que tem a função específica de participar do processo [de edição], ao lado do editor de imagem, designado como editor – identificado

• • • • •

[1] Cárlida Emerim (2015) explica que a criação da fita magnética permitiu a adoção do chamado *videoteipe*, ou *VT*, no Brasil nos anos 1960. Segundo a autora, o VT possibilitou que programas fossem gravados, arquivados e editados posteriormente, integrando áudio e vídeo em um único dispositivo. Ainda conforme Emerim, o videoteipe também permitiu o planejamento de conteúdo, até então, inimaginável. Apesar disso, os VTs exigiam equipamentos pesados, razão pela qual a tecnologia foi adotada primeiro no entretenimento. Estes só chegaram ao jornalismo na década de 1970, depois de se tornarem portáteis e mais operacionais. O dispositivo foi sendo substituído por outros no compasso dos avanços tecnológicos. Atualmente, a captação e o armazenamento de imagens são feitos por meio de modernas câmeras e o material gravado é descarregado diretamente nos computadores da emissora. Mesmo assim, ainda é comum usar a designação *VT* para se referir ao material já editado e pronto para ser exibido. De acordo com o *Manual de redação* da Secretaria de Comunicação Social do Senado (Brasil, 2003), *VT* corresponde à abreviatura de *videoteipe*, expressão que se refere ao aparelho no qual as fitas podiam ser assistidas, editadas ou gravadas, bem como ao conteúdo de um tipo específico de produto, como uma reportagem. Também faz referência, de forma genérica, ao conteúdo já editado de uma mídia, como uma reportagem, uma chamada ou uma matéria de jornal de TV.

como editor de texto ou de notícia para estabelecer uma distinção com a outra função [editor de imagem][2]. (Souza Filho, 2015, p. 197)

Para atuar na edição de texto, é necessário que o profissional seja bastante atento e crítico, porque uma de suas atribuições é a de reorganizar matérias para torná-las mais compreensíveis. Alfredo Vizeu (2014), por sua vez, considera que o editor de texto recontextualiza[3] a reportagem para ser exibida no telejornal. Além disso, esse jornalista precisa ser criativo porque é ele quem escreve as cabeças (textos que antecedem as reportagens) que o apresentador lerá no *teleprompter*[4] (Souza Filho, 2015).

Já o editor de imagem trabalha por meio de *softwares* para montar as reportagens, seguindo as indicações dos repórteres. Em outras palavras, ele opera o equipamento e se responsabiliza pelas questões técnicas, mas não tem autonomia sobre a definição do conteúdo. "A edição, como a montagem, promove a articulação de imagens e sons, o que permite o estabelecimento de uma narrativa. No caso do jornalismo, a narrativa corresponde à informação, na forma de notícia" (Souza Filho, 2015, p. 203-204).

• • • • •

2   Autor de uma tese que trata da atuação de editores de telejornalismo no Brasil e em Portugal, Souza Filho (2015, p. 103) adverte que, com o avanço das tecnologias digitais, cada vez mais, tem se verificado uma tendência à extinção de funções no telejornalismo. Como exemplo, o autor cita situações em que jornalistas assumem também a edição de imagem nas emissoras.
3   Para Vizeu (2014, p. 12), isso acontece porque "a reportagem que vai ao ar tem bem pouco a ver com o contexto em que [o fato/acontecimento] se deu".
4   *Teleprompter,* ou TP: "Aparelho que permite a reprodução do *script* sobre a câmera, facilitando a leitura do apresentador. Ele não precisa decorar o texto ou baixar os olhos para ler no papel e, portanto, olha diretamente para o telespectador" (Barbeiro; Lima, 2005, p. 168).

Nas emissoras de maior porte, existe também o cargo de chefe de reportagem. É ele quem tem a responsabilidade de gerenciar os meios necessários para a elaboração dos materiais jornalísticos: equipamento e pessoal. Esse profissional planeja a escala dos repórteres e define a necessidade de utilizar recursos técnicos pelas equipes, como caminhão de externa ou equipamento portátil para transmissões ao vivo, câmeras compactas, carros, recursos financeiros, entre outros.

O chefe de reportagem também administra a dinâmica de produção. Quando uma pauta está prestes a cair (deixar de ser cumprida pela equipe) em razão da urgência de um assunto mais factual, é a ele que o repórter recorre para saber como agir. Ele é o responsável, igualmente, por acompanhar os desdobramentos das coberturas e, por isso, estará sempre em contato com o "pessoal da rua". Desse modo, quem exerce essa função precisa ter agilidade nas tomadas de decisão.

Se a pauta é o processo mais importante da reportagem, o mesmo se aplica ao trabalho do produtor (também chamado de *pauteiro*). O pauteiro atua como elo entre repórteres, apresentadores, técnicos, entrevistados e fontes, acompanhando a atividade telejornalística desde o início (Barbeiro; Lima, 2005).

Em suma, os produtores são responsáveis pela elaboração das pautas que nortearão o repórter na rua. Eles precisam apurar de forma consistente os dados e agendar as entrevistas, além de pedir autorizações para filmar em determinados locais, fazer pré-entrevistas, entre outras ações.

Os repórteres e os repórteres cinematográficos são responsáveis, respectivamente, pela redação dos materiais jornalísticos e pela gravação das imagens e entrevistas que compõem as reportagens. São eles que entrevistam as fontes e fazem o "trabalho de rua". Ambos são guiados pela pauta, mas podem ampliá-la quando houver necessidade e condições de fazer isso.

A equipe de reportagem – que, em algumas emissoras, também pode contar com assistentes e motoristas, por exemplo – precisa redobrar a atenção ao executar as tarefas previstas pelos produtores. Isso porque, a qualquer momento, pode acontecer algum fato inusitado que exija uma mudança de rumos ou de pauta.

Importante

Cabe observar que o repórter cinematográfico é o cinegrafista (*cameraman*), formado ou não em Jornalismo, que tem registro profissional de jornalista e atua com autonomia para capturar imagens. Ele não deve ser confundido com os profissionais sem formação ou registro profissional específico que são conhecidos como *operadores de câmera* ou *cinegrafistas de estúdio* e que trabalham sob a supervisão de um diretor de imagem ou supervisor de operações.

O diretor de jornalismo é quem ocupa o topo da hierarquia no setor e o responsável por garantir o cumprimento da linha editorial da emissora. Suas funções vão desde a contratação ou demissão de jornalistas até a participação nos acordos comerciais que interferem na produção do telejornal.

O chefe de redação é o segundo na escala hierárquica e quem chefia as equipes dos vários programas da emissora. Às vezes, trabalha em dupla. Nas palavras de Olga Curado (2002, p. 30):

> Esse profissional possui uma visão geral dos assuntos que estão sendo investigados e estabelece a prioridade com que devem ser feitos. Repassa as instruções do chefe de departamento à chefia de reportagem e aos editores. Mantém-se afinado com a chefia de reportagem e com os editores que podem ter percepção divergente do encaminhamento da cobertura do ponto de vista operacional.

A Figura 3.1 ilustra a estrutura organizacional de uma redação de telejornal.[5]

---

5   Em algumas emissoras, tendo em vista as mudanças no mundo do trabalho, o chefe de redação e o diretor de jornalismo têm suas funções condensadas por meio de cargos que recebem uma nova denominação, como *coordenador de jornalismo*. Em outras empresas, cria-se uma função intermediária, a de editor-executivo, que congregaria mais responsabilidades do que a do editor-chefe nos parâmetros tradicionais.

Figura 3.1 – Organograma de redação de telejornal

```
                    Diretor de jornalismo
                            ↓
                    Chefe de redação
                            ↓
                      Editor-chefe
        ↓           ↓              ↓              ↓
     Editor      Editor de     Pauteiro/       Chefe de
    de texto      imagem       produtor       reportagem
                                  ↓               ↓
                               Repórter        Repórter
                                            cinematográfico
```

:: Entender o telejornalismo para compreender a redação para TV

O telejornalismo é um dos gêneros do jornalismo que mais exigem preparo do jornalista. Isso porque, além da apuração de dados, do texto, da ética, do máximo de isenção possível e do uso da voz, também é preciso estar atento à expressão corporal e às imagens que acompanham o texto. Tudo isso faz com que o jornalismo de TV seja encantador e quase tão mágico quanto o rádio.

Além disso, Vizeu (2014, p. 10) lembra que os telejornais têm um espaço significativo na vida das pessoas: "Os noticiários televisivos ocupam um papel relevante na imagem que elas constroem da realidade. Para a maioria das pessoas, os telejornais são a primeira informação que elas recebem do mundo que as cerca".

A TV cria intimidade e torna-se um meio confortável e, por vezes, indicado, polemicamente, como forma de entretenimento. Considerando-se seu efeito "olho no olho" (Vizeu, 2008), o desafio está em mantê-lo ou expandi-lo como um meio de informação, serviço, cultura e educação.

Com base nessas considerações, percebemos que, para entender o telejornalismo pelo viés prático, é necessário conhecer o texto para TV, as funções no telejornalismo, os aspectos da imagem e da edição no telejornalismo, bem como uma das principais fases da reportagem: a elaboração do roteiro.

3.2
A importância da pauta na TV

Em um estudo sobre a didática da reportagem em TV, Marcelli Alves (2012, p. 7) adota uma definição simplificada ao considerar que "a pauta é uma proposta de reportagem". Existem emissoras, porém, em que os produtores também participam do planejamento de novos materiais e programas jornalísticos.

É comum que as redações de TV façam, a cada semana, encontros para discutir a produção: são as reuniões de pauta, ou *brainstorm*[6]. Essa prática acontece, inclusive, nas redações integradas a veículos impressos, hoje substituídos, em grande parte, pelos portais de notícia.

---

6   O termo *brainstorm* vem do inglês e pode ser traduzido como "tempestade de ideias".

Informações, fatos, notícias recentes ou que precisam ser "suitadas"⁷ são discutidos pelos responsáveis pelo telejornal. As sugestões de pauta podem ser apresentadas por qualquer membro da equipe, mas é tarefa do pauteiro apurá-las e planejá-las.

Para Barbeiro e Lima (2002, p. 89), "pauteiro é aquele que na imensidão dos acontecimentos na sociedade capta o que pode ser transformado em reportagem, pensa o assunto por inteiro e indica os caminhos que devem ser percorridos para que a matéria prenda a atenção do telespectador e atinja o público-alvo da emissora."

A pauta deve guiar o repórter e evitar que a equipe perca tempo na rua atrás de um assunto que pode não render como o esperado. É fundamental a preocupação com a imagem, já que é necessário pensar na ilustração do tema. Às vezes, um fato pode ser interessante, mas tem pouca possibilidade de gerar boas imagens e isso deve ser avaliado ainda durante a produção.

Nessa etapa, tem início a apuração do assunto. O pauteiro precisa levantar todos os dados possíveis sobre o tema a ser reportado diretamente com as fontes de informação – que podem ser pessoas, instituições e/ou documentos oficiais. Assim, ele terá de fazer diversas entrevistas prévias e checagens para construir uma pauta sólida.

Entretanto, esse processo de concepção da pauta não se relaciona unicamente ao grau de importância que se atribui ao fato que será reportado. Mário Novelino Alonso Soler (2005, p. 91) destaca

---

7   *Suíte* é o termo usado para designar a matéria e/ou notícia que precisa ser retomada no dia ou na edição seguinte em razão da necessidade de acompanhamento ou atualização das informações. Logo, "*suitar*" consiste em retomar um assunto.

que essa seleção também deve estar amparada na conjugação dos fatores operacionais:

É preciso avaliar a disponibilidade de equipamentos, a distância entre a redação e o local do fato, o *deadline* de veiculação do assunto, a agenda de temas pontuais cuja cobertura poderia ser suspensa para privilegiar uma emergência, uma vez que o que mais mexe com a rotina da redação é o acontecimento extraordinário, como um incêndio ou um crime brutal, principalmente se ocorre numa cidade distante, dentro da área regional de cobertura.

Como é possível perceber, em televisão, o trabalho de planejamento é ainda mais minucioso, visto que a maior parte da programação é ao vivo e não há tempo de "atrasar" o *deadline*[8] para correções. Portanto, é necessário estar atento aos prazos. No *Manual de telejornalismo*, Heródoto Barbeiro e Paulo Rodolfo de Lima (2005) apresentam dicas para a elaboração de uma boa pauta na mídia televisiva que corroboram esse pensamento.

Barbeiro e Lima (2013, p. 131-133) listam algumas ideias básicas que envolvem uma preocupação permanente com a pauta para TV, enfatizando que a imagem deve ser pensada desde a pauta. No entanto, dois desses conselhos se destacam com relação ao texto para TV:

---

8   Originário do inglês, o termo *deadline* significa "linha de morte". A expressão faz referência ao limite do horário de fechamento de determinado material.

1. O pauteiro deve fazer a proposta de encaminhamento da matéria com informações complementares, como, por exemplo, o tipo de imagem que o cinegrafista deve fazer e especificar o equipamento que a equipe de reportagem deve levar.
2. O texto da pauta tem que ser informativo, sucinto, com *lead* e *sublead*, uma vez que serve de roteiro para o repórter. O pauteiro também deve sugerir perguntas, mas sem cair no óbvio. O material de apoio deve sempre estar anexado à pauta.
3. Ganhar tempo é importante. Cabe ao pauteiro incluir na pauta dados sobre os entrevistados, telefones e endereços onde podem ser encontrados.

A seguir, apresentamos alguns passos fundamentais para a elaboração de uma pauta:

1. Seleção do assunto.
2. Apuração e coleta de dados:
   - Pesquisas em *sites*, redes sociais e outros documentos.
   - Pesquisa do arquivo da emissora para apurar o que já foi gravado sobre o assunto.
   - Pesquisa em arquivo público (em alguns casos, pessoalmente).
   - Pré-entrevista por telefone com personagens e especialistas ligados ao assunto.
3. Seleção das fontes: pode ser obtida pela lista pessoal do jornalista ou pela assessoria de imprensa.

> 4. Redação da pauta: tenha em mente que você está escrevendo para outro jornalista, não para o público em geral. Ele é seu colega e você pode usar uma linguagem informal.

Além dessas orientações, é preciso observar que os dados da pauta devem estar bem claros e que o roteiro de gravação tem de estar minuciosamente programado. Os itens que devem constar da pauta são:

a) proposta, ou seja, a indicação do formato da matéria (reportagem, *stand-up*, *link*/vivo, nota coberta) e a ideia geral da cobertura;

b) roteiro com as fontes: com data, local e horário para cada entrevistado (nas indicações sobre os locais de cobertura, é importante acrescentar pontos de referência, para facilitar o trabalho das equipes);

c) dados, ou seja, as informações obtidas na apuração feita pelo pauteiro sobre o assunto.

O pauteiro pode ser contratado em processos conduzidos pelo setor de recursos humanos ou pode, até mesmo, ser selecionado pela própria equipe de repórteres da emissora – o que funciona como uma oportunidade de ascensão na carreira. Nesses casos, valoriza-se o jornalista que tem experiência na elaboração de reportagens e conhece as dificuldades do cotidiano da atividade.

A vivência descrita no parágrafo anterior aponta para o perfil de um profissional que é ágil e com conhecimento suficiente para compreender o tempo das marcações e a importância da logística proposta na pauta. Esse reconhecimento também se verifica no campo financeiro, tendo em vista que, em quase todos os estados brasileiros, o exercício dessa função garante ao profissional uma gratificação adicional sobre o salário.

∴ Objetivos da produção

Um dos principais objetivos da produção é avançar na cobertura dos acontecimentos de determinada área (que pode ser uma cidade, estado ou país), trazendo informações factuais, inéditas e exclusivas para os telejornais, como investigações e furos jornalísticos[9]. Outra função desse setor é acompanhar a discussão e solução dos problemas apontados e/ou denunciados pela sociedade.

A atuação dos produtores compreende ainda as atividades de elaborar as matérias selecionadas, agendar entrevistas e gravações de imagens, promover a busca por personagens e apurar detalhes importantes. Em outras palavras, cabe à pauta garantir todas as informações necessárias para o trabalho das equipes de reportagem.

Outra função da produção é acompanhar os desdobramentos dos fatos que serão noticiados pela emissora. E, quando uma pauta cai, ou seja, quando algo dá errado e a equipe volta de mãos vazias para a TV, também é o produtor quem ajuda a encontrar uma solução para que a equipe não fique sem trabalho a fazer.

Quando a produção falha, pode faltar conteúdo para o telejornal, o que é um problema grave na rotina do telejornalismo. Por isso, Barbeiro e Lima (2002) defendem que a pauta é mais importante

---

9   Informações obtidas de maneira exclusiva, ou seja, que nenhum concorrente conseguiu apurar e divulgar antes.

na TV do que em qualquer outro veículo de comunicação: ela dá estrutura e substância ao telejornal.

O pauteiro deve sugerir perguntas, abordagens, imagens e caminhos para a equipe de reportagem. Não é concebível que, em TV, a imagem não seja pensada previamente. As pautas de reportagem, sempre que possível, devem ter como referência a imagem. Elas precisam ser roteirizadas, de uma maneira simples e objetiva.

Ao pauteiro também cabe sugerir o tipo de equipamento a ser utilizado pela equipe: microfone de lapela, canopla, lente grande-angular, microcâmera, drone. Tudo deve ser previamente discutido com o chefe de reportagem para que a equipe tenha plena condição de cumprir a pauta.

Outro elemento importante nas produções para a TV é o personagem. A melhor pessoa para explicar um fato, um drama ou um problema qualquer é aquela que vivenciou a situação e sofreu na pele os efeitos e as consequências.

O uso de personagens em reportagens também precisa atender a parâmetros mínimos de ética e segurança. Ao entrevistar uma testemunha de um crime, por exemplo, deve-se sempre gravar sem identificar a pessoa – filmar de costas, na contraluz, em detalhe – e distorcer o tom de voz com recursos de áudio, mesmo que a pessoa queira aparecer "de cara limpa".

Esses cuidados são necessários porque a própria testemunha pode não avaliar o risco que corre com sua identificação, por isso é dever da emissora e dos jornalistas protegê-la; trata-se de um compromisso ético.

Da mesma forma, as reportagens não podem ensinar as pessoas a praticar crimes nem revelar como os meios de segurança podem ser burlados por criminosos.

Vejamos um exemplo prático: se a matéria vai tratar de problemas respiratórios no verão, não basta entrevistar um otorrinolaringologista para dar dicas médicas. É necessário mostrar e entrevistar pacientes atendidos no consultório, pessoas usando nebulizadores ou comprando umidificadores de ar, caso contrário, a matéria não existe. Em outras palavras, é preciso relacionar a notícia às consequências práticas dela para a vida das pessoas e isso inclui os cuidados com a ambientação dos temas.

O produtor também deve ganhar tempo para a equipe de reportagem. No caso da cobertura de eventos, por exemplo, é ele quem tem de credenciar[10] a equipe no tempo hábil. Também é responsabilidade desse profissional obter autorizações antecipadas para que a equipe de reportagem tenha acesso aos locais de gravação, sejam públicos, sejam privados. Caso contrário, corre-se o risco de, mesmo que uma entrevista tenha sido agendada, a equipe não passar da portaria.

---

10 Credenciamento é o ato de registrar, previamente, inclusive mediante a apresentação de documentos, os nomes dos membros da equipe de reportagem que deverão trabalhar em determinada cobertura. Quem especifica as regras para credenciar os profissionais é a instituição que organiza o evento. Em alguns casos, por exemplo, não são aceitos profissionais *freelancers*, uma medida muito utilizada em visitas de chefes de Estado, estando relacionada não só à necessidade de dimensionar a estrutura para o evento e para o trabalho da imprensa, mas também à preocupação com a segurança das autoridades participantes. A explicação para esse cuidado é que uma pessoa mal-intencionada pode se passar por um repórter para cometer um atentado, por exemplo.

Outro cuidado é no sentido de garantir que a equipe não deixará o entrevistado esperando. Por respeito, é essencial avisar as fontes em caso de atraso ou se a pauta cair por qualquer motivo. Todas as pessoas têm outros compromissos e, muitas vezes, mudam a agenda para atender a equipe de reportagem. Igualmente, não se deve nunca exigir que uma pessoa conceda entrevista porque é um direito de qualquer pessoa não querer falar.

Também é papel do produtor organizar a agenda de pautas futuras, datas festivas, séries, suítes. Ele deve avaliar quando a pauta é contínua, ou seja, se tem desdobramentos e precisa ser "suitada". Isso porque não se pode deixar grandes assuntos exibidos no telejornal morrerem ou acabarem no esquecimento. É preciso acompanhar tudo até que haja um desfecho.

:: O que faz a diferença?

Ter agilidade, compartilhar informações, manter a agenda atualizada e ter interesse em investigar os mais variados assuntos são algumas das características necessárias ao produtor, como já destacamos. Esse profissional também deve apostar em caminhos alternativos para apuração quando a informação não vem pelos canais oficiais. Em outras palavras, por vezes, é necessário buscar os membros da comunidade para saber como eles têm enfrentado seus problemas, em vez de somente confiar no que dizem as autoridades públicas.

No modelo de pauta apresentado a seguir, é possível perceber que ter uma boa redação em TV não é uma habilidade necessária somente aos editores e/ou repórteres. Como nem sempre o produtor terá a oportunidade de conversar com a equipe de reportagem (geralmente, as pautas são agendadas pelo pessoal do plantão anterior, ou seja, com quem pode não ter contato), o ideal é que o texto do roteiro seja claro o suficiente para ser facilmente compreendido pelo repórter e pelo cinegrafista.

Modelo de pauta	
TRILHA ECOLÓGICA – VT	**Notícias do dia – 1ª edição**
Equipe: Luiza Brasil e 'cinegra' Índio Moraes	
Data: 22/10/2019	
Horário inicial: 7h	**Deadline**: 10h
Local: Rodovia BR-376 (Próximo ao acesso para a Comunidade Posto 4)	**Pauteiro**: João da Silva
Orientação: Precisamos fechar um VT Informativo sobre a trilha ecológica que acontece hoje em Ponta Grossa (PR). O material será exibido na 1ª edição do jornal, então precisa estar pronto para a edição no máximo às 10h30.	
Sugestões de imagens: abertura da trilha às 7h30; detalhes do percurso (gravações podem ser feitas nos pontos seguros – B2 e B3); detalhes dos participantes; e imagens de apoio dos entrevistados. Por se tratar de uma trilha, atentar para as cenas inusitadas no meio do caminho, como detalhes da paisagem ou flagrantes de poluição.	
1. Local: Posto 4 (BR-376), com acesso pela rodovia, Ponta Grossa (PR) **Horário**: chegar às 7h30 **Sonora agendada**: Emerson Braseiro (organizador e coordenador do grupo de escoteiros) **Contato**: (42) 88888-8888	
2. Local: ao longo do percurso (**ATENÇÃO: não vai dar tempo de acompanhar toda a atividade devido ao deadline**) **Horário**: no máximo, até 9h30 **Sonoras sugeridas**: participantes e membros da comunidade	

(continua)

(conclusão)

Informações: esta é a 5ª edição da trilha ecológica organizada pelo grupo de escoteiros 'Amigos da natureza', formado por crianças e jovens de 7 a 13 anos. Neste ano, o local escolhido para a realização da atividade é a comunidade Posto 4, formada por remanescentes de quilombolas e que vem sofrendo com a poluição ambiental. Além de realizar a caminhada, os participantes pretendem registrar flagrantes de poluição e recolher eventuais resíduos ao longo do percurso.

3.3
Procedimentos de apuração

Numa emissora de TV, a apuração é fundamental, porém nem sempre a empresa vai contar com uma central de apuração – um setor da redação dedicado, especificamente, para essa atividade. Quando essa estrutura não existe, é o próprio produtor que fica responsável por desempenhar mais essa função.

O apurador deve ter agilidade, fidelidade, clareza, fluxo de informações, agenda e sempre cuidar para que todos os citados em uma reportagem tenham oportunidade de se manifestar, em entrevista ou por meio de nota. Esse profissional também tem a incumbência de atender telespectadores que procuram a emissora pelas mais variadas razões: sugerir pautas, reclamar de reportagens, solicitar correções, entre outras.

Sempre cabe à apuração saber tudo o que está acontecendo na cidade e, quando necessário, checar as informações complementares para ajudar o repórter que está na rua ou os editores que estejam fechando os telejornais. Mais uma vez, fica evidente que o trabalho em televisão é sempre resultado do esforço de uma equipe.

As funções da central de apuração são:

- garantir a captação completa dos fatos da área de cobertura;
- coordenar o fluxo de informações e sugestões que chegam à redação;
- abastecer o jornalismo de informações e sugestões;
- oferecer um cardápio de temas que mexem com a vida das pessoas;
- atender telespectadores.

∴ A rotina na central de apuração

Para dar conta da imensidade de fatos que devem ser contemplados no telejornal, é preciso manter uma rotina diária de atividades. Esse esforço garante que a equipe trabalhe com uma certa previsibilidade em relação aos assuntos a serem noticiados, permitindo uma organização mínima das pautas. A maior parte das reportagens é agendada um dia (ou dias) antes, levando-se em consideração quais serão os temas importantes naquele dia.

Ana Carolina Rocha Pessôa Temer (2014) explica que a produção de notícias com formato telejornalístico deve acontecer mesmo quando não há notícias. Para a autora, o telejornalismo envolve um compromisso diário com o telespectador:

> para isso é necessário que certa quantidade de material jornalístico esteja previamente preparada para *cobrir* as falhas

de pessoal, problemas de equipamento, e principalmente, os dias em que os fatos/acontecimentos teimam em *não acontecer*. Desta forma, grande parte do telejornal resulta da cobertura de fatos previsíveis e previamente agendados – inaugurações, jogos, votações etc. –; ou mesmo de informações sobre serviços públicos e sobre o consumo, todas pautadas e trabalhadas para parecerem novas e emocionantes. (Temer, 2014, p. 227)

Também é de competência da central de apuração ou do produtor responsável por essa atividade promover a ronda periódica em estradas, delegacias, polícias, bombeiros, aeroportos e companhias de tráfego, além de acompanhar as informações em rádios e TVs e ler os principais *sites* noticiosos.

É ainda imprescindível checar e atualizar, a todo instante, os *e-mails* que chegam à redação, mensagens (aplicativos de comunicação interpessoal) nos grupos de órgãos públicos, polícias civil, militar e federal, Ministério Público e outros. Isso é apenas o básico, pois é por meio de canais como esses que chegarão aos produtores as informações oficiais, ou seja, aquelas que todos os veículos terão.

Outra função é o contato com assessorias de imprensa de órgãos públicos, prefeituras, governo, Legislativo, Judiciário, universidades/faculdades, organizações não governamentais (ONGs) e sindicatos. O diferencial para o apurador é ter ou criar fontes que lhe permitam agilidade para saber, em pouco tempo e com segurança, o que está acontecendo. Fazer rondas diárias, conforme já destacamos, é uma boa forma de conseguir criar essas fontes.

Para facilitar o trabalho, é importante manter uma lista de números de telefones básicos, que devem ser checados várias vezes por dia. Eles devem estar sempre à mão, num caderno ou agenda de papel/eletrônica, no celular, no *tablet* ou no computador.

Outra atribuição do apurador/produtor é alertar, com rapidez, os editores e o chefe de reportagem quando há algo relevante acontecendo naquele momento. Quando identificar mais de um fato novo, deve priorizar o assunto mais urgente para ter uma rápida cobertura da emissora. William Bonner (2009, p. 47-48) assim resume a importância do produtor, considerado como um profissional multitarefa:

> Nos temas factuais, é tarefa dos produtores auxiliar a reportagem e a edição na apuração de informações complementares. Isso é feito com telefonemas, e-mails e uma dose cavalar de persistência. Produtor bom não desiste nunca. Em muitos casos, é ele o primeiro a tomar conhecimento de um fato, no ambiente de uma redação de telejornal. Seja porque uma "fonte" contou algo, seja porque teve a curiosidade de ligar para alguma, para perguntar como estava a vida, e acabou ouvindo algo que lhe pareceu ser uma notícia.
>
> Na face "atualidades", o produtor colabora na sugestão de "pautas": assuntos daquele balaio imenso que podem vir a ser abordados em edições do telejornal. As sugestões podem surgir, de novo, porque uma fonte lhe deu informações, ou porque uma tia passou por esta ou aquela experiência, ou porque o produtor viu uma fila, a caminho do trabalho, e lembrou que há um ano o ministro tinha prometido que a fila iria acabar.

Além da perspicácia descrita na citação, o produtor também deve manter uma certa disciplina de apuração. Os acontecimentos com data marcada devem ser colocados numa agenda geral. Eles vão servir de base para pautas futuras. O produtor deve ainda separar e arquivar matérias frias[11]. Isso ajuda a fazer uma reserva de materiais no sistema da emissora. Muitas vezes, esse arquivo pessoal funciona como ponto de partida para boas pautas.

Os produtores devem assistir, obrigatoriamente e com atenção, aos próprios telejornais. Muitas vezes, principalmente durante as transmissões ao vivo, as autoridades fazem promessas que podem e devem ser cobradas depois: prazos para a implantação de programas sociais, datas para a conclusão de obras, tudo deve ser anotado e relembrado no momento oportuno, pois poderá dar origem a novas e boas matérias.

Outra preocupação é com relação ao bom atendimento na central. Todos os telefonemas recebidos na redação devem ser atendidos com a maior atenção possível. O telespectador é uma fonte preciosa, que pode sugerir as melhores pautas da comunidade, pois está vendo os problemas todos os dias.

É fundamental ainda ter sempre o número do contato de quem ligou. Pode-se precisar de mais e novos detalhes ou mesmo acompanhar a distância o desenrolar dos acontecimentos.

• • • • •

11 Diferentemente dos temas quentes ou urgentes (*hard news* ou *hot news*), as matérias frias (*soft news*) (Tuchman, 1978) não precisam ir ao ar em uma data definida, podendo ser reservadas para serem exibidas quando faltam assuntos para fechar o jornal – o que também se costuma chamar de *matérias de gaveta*. Em outras palavras, a reportagem fria não fica vencida, ultrapassada. Em geral, tratam de temas de interesse público ou de curiosidades.

Importante

O que é produção? Captação, preparação e elaboração de informações, notícias e pautas.

Para que serve? Para orientar o trabalho das equipes de reportagem, visando abastecer os telejornais com notícias e informações que acontecem e mexem com o cotidiano da comunidade.

Como atua a produção? Entrando em contato com as fontes, levantando informações e fazendo um banco de dados. Também é responsabilidade da produção garantir a circulação das informações na redação.

∴ Recapitulando: como fazer uma boa pauta

A pauta deve ter organização, agendamento, objetividade, clareza, levantamento de dados e tamanho adequado. O produtor deve ter poder de síntese ou a pauta não será lida pelo repórter. A TV é uma indústria de notícias. Repórteres cumprem várias marcações e vão ler a pauta entre um deslocamento e outro. Editores fecham dezenas de matérias por dia. Não há tempo para perder para procurar informações numa pauta com 15 ou 20 laudas.

O texto da pauta deve ser claro e objetivo e começar com as informações básicas de data da pauta e nomes dos profissionais da equipe (repórter, repórter cinematográfico e auxiliar). Nela também devem constar data, horário e local da marcação, assunto da reportagem, endereço, telefone, nomes completos dos entrevistados, contatos telefônicos e nome do assessor ou da pessoa com quem foi agendada a gravação.

Os telefones de todas as marcações devem constar na pauta, pois sempre podem ocorrer imprevistos, tornando-se necessário desmarcar ou adiar alguma gravação. O pauteiro deve evitar marcações em locais muito distantes um do outro, pois o tempo de deslocamento é perdido. Para isso, o planejamento é fundamental.

A pauta deve ainda ter uma proposta sucinta, indicando exatamente o que se quer da matéria e como produzi-la. Depois, aparecem as informações complementares, que devem ser checadas para que o repórter possa usá-las com segurança. É sempre oportuno identificar de quais fontes partiram as informações.

Quando o produtor for agendar as reportagens, deve sempre considerar o horário de entrada da equipe no local de trabalho, o tempo para carregar os equipamentos no carro, a distância entre a emissora e a primeira marcação, o tempo e o trânsito para chegar, a quantidade de marcações, o tempo de gravação e deslocamento entre elas e o horário de fechamento do jornal.

O resultado final do telejornal depende da pauta. Tudo está ligado à pauta. Se o resultado da edição do material não é bom, a origem do problema pode estar na produção. A pauta está completa? Faltou tempo para gravação e captação de imagens, faltaram dados, faltou algum entrevistado? Então é hora de avaliar se a matéria não requer um pouco mais de investimento antes de ser finalizada para a exibição.

Recentemente, algumas emissoras de televisão também têm apostado no protagonismo do produtor. Em algumas ocasiões, têm recaído sobre o profissional da pauta as incumbências de gravar sonoras, manter agendas regulares de visitas a fontes e gravar reportagens investigativas com o auxílio de gravadores e microcâmeras.

Com as mudanças que vêm acontecendo no mundo do trabalho, as funções no telejornalismo têm se misturado – cinegrafista, produtor, repórter, editor-chefe, apresentador, chefe, gerente e diretor. Cada vez mais, as coisas parecem caminhar para que todos possam fazer tudo em televisão.

:: Quando a pauta é investigativa

A produção investigativa pode nascer de *sites*, fontes, cruzamento de dados, checagens, mas deve ir além. Com visitas e gravações audiovisuais externas, o produtor pode ir mais fundo para revelar questões que estejam ocultas da sociedade. A vantagem do produtor em relação ao repórter é o relativo anonimato. Ele pode estar em diversos ambientes sem ser reconhecido e captar gravações relevantes de interesse público.

Para se preparar para entrar em campo na produção de reportagens investigativas, é importante que o jornalista busque constante atualização. Uma opção são cursos, cartilhas e congressos organizados pela Associação Brasileira de Jornalismo Investigativo (Abraji)[12]. A Abraji tem um trabalho relevante, especialmente, na orientação em relação à segurança dos jornalistas da área, tendo em vista que o trabalho investigativo sujeita o profissional a vários riscos.

─────

12 Informações sobre os materiais e eventos organizados pela Abraji podem ser encontradas no *site* da associação: <https://www.abraji.org.br>.

Existem muitos *sites* que podem ser usados como fontes de pesquisa para reportagens investigativas. É possível, por exemplo, fazer uma investigação com base no Cadastro de Pessoa Física (CPF) pelo *site* da Receita Federal. O *site* do Instituto Nacional de Seguridade Social (INSS) pode ser usado para descobrir o Cadastro Nacional de Pessoa Jurídica (CNPJ) e o endereço, enquanto o *site* do DataSUS tem os dados das internações hospitalares.

Enfim, existem várias fontes de dados para boas pautas. E esse é um dos desafios do jornalista: contar a história por meio de fontes confiáveis da polícia, da Justiça, do Ministério Público... Outro caminho é chegar na frente, realizando investigações próprias e produzindo provas antes das autoridades.

Esse aspecto é digno de uma pausa para reflexão mais detida. No prefácio à edição brasileira do livro *Os elementos do jornalismo: o que os jornalistas devem saber e o público exigir* (Kovach; Rosenstiel, 2003), o jornalista Fernando Rodrigues aborda a tendência que os jornalistas têm de se basear em investigações em andamento para a realização de reportagens. Assim, as matérias passam a ser produzidas com base em descobertas a respeito de processos e/ou vazamentos de informações, quase sempre protagonizados pelas próprias autoridades públicas (por exemplo, promotores e delegados). Porém, antecipando o trabalho de Bill Kovach e Tom Rosenstiel, ainda no prefácio da obra, Rodrigues faz uma advertência a respeito dessa conduta tida como rotina na atividade:

> A chance de ser usado por fontes ligadas a uma investigação em andamento é grande. Em vez de monitorar instituições

poderosas, a imprensa fica em posição vulnerável e pode se tornar uma ferramenta. É necessário ter muito cuidado. Paradoxalmente, alguns meios de comunicação acham o oposto: que podem ficar mais livres para noticiar suspeitas ou alegações apenas por estar atribuindo a informação a uma fonte oficial em vez de ter de confiar numa investigação própria. (Rodrigues, 2003, p. 14)

O trecho coloca em questão dois pilares da atividade jornalística: a ética e o espírito crítico. Ambos são também essenciais quando se trata da atuação em pautas investigativas. Além disso, outras características necessárias aos profissionais que atuam nessa área são faro jornalístico, astúcia, inteligência e capacidade de planejamento.

Não basta, por exemplo, chegar a determinado local sem o mínimo de preparação para flagrar criminosos com uma microcâmera. Pode não dar certo e o perigo é enorme. Primeiramente, é preciso fazer o preparo técnico dos equipamentos a serem usados, definir a estratégia e munir-se de informações sobre as implicações legais a respeito da execução da pauta.

:: Pauta para a rede

Quando uma pauta é local ou quando a pauta vale para a rede nacional? Quando a intenção é divulgar uma reportagem pensando no interesse público, a primeira iniciativa é nacionalizar os dados. A mesma matéria, com os mesmos personagens, pode ser interessante para os telespectadores de todo o Brasil se ela retratar uma realidade nacional e não apenas local.

As pautas exclusivas requerem vivência e muitos contatos. Uma boa observação da situação ao redor também pode revelar algum assunto potencialmente nacional. Em outras palavras, as pautas que mudam a vida das pessoas no país valem para a rede.

O produtor de rede também deve organizar o fluxo de matérias com as praças e sucursais do interior do estado (por meio de sistemas específicos usados pelas empresas) para oferecer o que há de melhor em seu estado para a rede nacional. Para isso, é necessário manter uma rotina diária de apuração e captação das notícias que podem interessar ao noticiário de rede. A integração entre as praças deve funcionar como se todas fossem apenas uma redação.

Para saber mais

ATOJI, M. I.; GAROFALO, V. **Mapa de acesso a informações públicas 2018**: acesso a informações na Justiça Eleitoral. [S.l.]: Abraji, 2018. Disponível em: <https://www.abraji.org.br/publicacoes/mapa-de-acesso-a-informacoes-publicas-2018>. Acesso em: 10 dez. 2020.

O *Mapa de acesso a informações públicas 2018*, elaborado pelas jornalistas Marina Iemini Atoji e Victoria Garofalo, traz um panorama importante sobre o uso da Lei de Acesso a Informações Públicas por jornalistas – um importante instrumento de apuração.

FACEBOOK JOURNALISM PROJECT. **Dicas de segurança para jornalistas**. Disponível em: <https://www.abraji.org.br/publicacoes/dicas-de-segurancas-para-jornalistas>. Acesso em: 10 dez. 2020.

A cartilha *Dicas de segurança para jornalistas*, elaborada pelo *Facebook Journalism Project*, indica dez cuidados para os profissionais que diariamente utilizam meios tecnológicos para apurar informações.

SPOTLIGHT – Segredos revelados. Direção: Tom McCarthy. EUA: Sony Pictures, 2015. 128 min.

O filme *Spotlight – Segredos revelados*, baseado em uma história real ocorrida em Boston (EUA), mostra como o trabalho minucioso de uma equipe de jornalistas acabou revelando uma série de casos de pedofilia nos Estados Unidos. O material permite discutir tanto as estratégias usadas para investigar e apurar o caso quanto a necessidade de o jornalismo estar sempre comprometido com a ética e a serviço do interesse público.

···

Síntese

O processo de elaboração de uma reportagem na televisão se dá por meio das etapas de produção, reportagem (gravação e redação) edição e transmissão e, em uma TV, cada profissional exerce uma função definida (pauteiro/produtor/apurador, editor de texto, operador de VT etc.). As fases de produção e apuração têm o mesmo ponto de partida: a sala de redação do departamento de jornalismo.

Geralmente, esse espaço é composto por estações de trabalho ou ilhas, em que os computadores são dispostos lado a lado. Nesse mesmo espaço ou em salas de reunião, ocorrem as reuniões de pauta, nas quais nascem quase todos os assuntos que se transformam nos textos que embasam as matérias na TV.

Os produtores marcam entrevistas e gravações de imagens, além de promover a busca por personagens e apurar detalhes importantes para fundamentar as reportagens que serão exibidas na TV. É responsabilidade da pauta garantir todas as informações necessárias para o trabalho das equipes de reportagem.

Como vimos, o pauteiro precisa ainda sugerir perguntas, abordagens, imagens e caminhos para a equipe de reportagem, atualizar as informações a respeito dos assuntos que serão apresentados no telejornal e organizar a agenda de matérias futuras. Enfim, esse profissional executa uma função importante e, nas emissoras que não contam com centrais de apuração, o trabalho dele demanda ainda mais responsabilidade.

Ter agilidade, compartilhar informações, manter a agenda atualizada e ter disposição para investigar os mais variados assuntos são as características esperadas de um pauteiro/apurador. O profissional também precisa ter iniciativa para buscar os dados que não vêm por meio dos canais oficiais.

A pauta deve ser escrita de forma clara e objetiva, mantendo-se o mínimo de organização. O pauteiro deve sempre sintetizar as informações principais ou a pauta não será lida pelo repórter. Entre os dados básicos da pauta, que podem variar de uma emissora para outra, estão a data da pauta, os nomes dos profissionais da equipe (repórter, repórter cinematográfico e auxiliar) e indicações sobre as marcações.

Questões para revisão

1. Quais são os principais desafios que o pauteiro/produtor enfrenta durante a execução de suas atividades de rotina? Responda relacionando as soluções para os percalços listados.

2. Sobre as funções da central de apuração, analise as afirmativas a seguir como verdadeiras (V) ou falsas (F):
   ( ) Nem todas as emissoras têm uma central de apuração. Nesse caso, é preciso que os próprios repórteres realizem esse trabalho.
   ( ) Entre as funções da central de apuração está a de buscar as informações sempre que elas não vêm pelos canais oficiais.
   ( ) O apurador não deve perder tempo assistindo aos telejornais dos concorrentes.
   ( ) Para ser apurador, o jornalista deve ser extremamente informado e manter o senso crítico ativo em relação a tudo o que o cerca.

   Agora, assinale a alternativa que contém a sequência correta:
   a) F, F, V, V.
   b) V, V, F, F.
   c) V, V, F, V.
   d) F, V, F, V.
   e) V, V, V, V.

3. Com relação à elaboração da pauta, assinale a alternativa que indica corretamente os elementos básicos para sua organização:
   a) Data, horários de início e fim, pré-texto.

b) Nome da equipe, indicações sobre os entrevistados, horário das marcações.
c) Indicação sobre a visão do apresentador em relação àquele conteúdo.
d) Informações sobre como foi o trabalho de apuração para o jornalista valorizar a pauta.
e) Nenhuma das alternativas está correta.

4. Cite três procedimentos básicos da equipe de produção/apuração e explique sua relação com o resultado do trabalho jornalístico se em TV.

5. Do trabalho dos produtores, relativo à busca de personagens para as reportagens, é correto afirmar:
    I) O uso de personagens busca atender ao caráter testemunhal das reportagens, pois prioriza o depoimento de quem vivenciou os fatos.
    II) Qualquer pessoa e em qualquer condição pode mostrar o rosto durante uma entrevista.
    III) O personagem ajuda a humanizar as reportagens e gera identificação com o público.

Considerando as afirmativas listadas, assinale a alternativa correta:

a) Todas as afirmativas estão corretas.
b) Somente as afirmativas I e II estão corretas.
c) Somente as afirmativas I e III estão corretas.
d) Somente as afirmativas II e III estão corretas.
e) Nenhuma das afirmativas está correta.

Questão para reflexão

1. Vamos imaginar que você é o jornalista responsável por editar uma reportagem sobre mulheres que sobreviveram a situações de violência protagonizadas por ex-companheiros. Para fechar o material, você vai contar com entrevistas de cinco personagens: uma assistente social, uma advogada da Comissão de Mulheres da Ordem dos Advogados do Brasil, uma mulher que mudou de cidade depois de sobreviver às frequentes agressões do ex-marido, uma delegada e uma idosa viúva que explica como a cultura de "sua época" levava as mulheres a conviver com a violência. Na pauta, não havia nenhuma indicação de restrição de áudio ou imagens e a equipe também não fez nenhuma captação impedindo a identificação das fontes. Você fecha o VT normalmente ou vai fazer alguma modificação em relação ao planejamento original? Não se esqueça das recomendações éticas relativas à escolha de personagens para o VT. Justifique sua resposta.

Capítulo
04

A reportagem na TV

Silvia Valim

Conteúdos do capítulo:

- Como trabalhar a partir da pauta.
- Orientações para realizar entrevistas e elaborar roteiros.
- A importância do relatório de reportagem.
- A escolha do melhor estilo de passagem.

Após o estudo deste capítulo, você será capaz de:

1. organizar o fluxo de gravação de entrevistas e passagem a partir da pauta;
2. elaborar roteiros e relatórios de reportagem com segurança e eficiência;
3. planejar e executar seu texto jornalístico sem onerar o processo de edição.

> *A informação é a base de um produto jornalístico e, assim como em diferentes gêneros, o telejornal se utiliza de diferentes maneiras para apresentar a notícia. Um deles é a reportagem. Ela é utilizada em vários formatos da televisão como programas de entretenimento e variedades, talk shows, programas de entrevista, entre outros. Mas no telejornalismo ela é imprescindível. Podemos dizer que a reportagem é a alma do telejornal.*
> (Barbeiro; Lima, 2002, p. 93)

Em média, as reportagens de telejornais diários duram, no máximo, dois minutos e meio (2'30"), quando mais completas. Em notícias factuais, elas atingem a média de um minuto e meio de duração (1'30"), o que demonstra o quanto é preciso ser objetivo ao contar uma história nesse formato. É preciso otimizar o espaço do telejornal.

Para isso, é importante que o trabalho, desde a produção, seja realizado em equipe. Depois que a reportagem começa a "nascer" com o esforço dos pauteiros, entram em cena o repórter e o repórter cinematográfico. Com a pauta na mão, começa o trabalho de rua, o qual dará origem ao material bruto que será levado à edição. Mas existem outros aspectos que são igualmente importantes, como veremos na sequência.

4.1
Com a pauta na mão: o que fazer?

Depois de receberem a pauta, geralmente, repórter e repórter cinematográfico têm um tempo para discutir detalhes da cobertura. É durante essa troca de experiências que ambos definem alguns pontos de partida para o trabalho de rua. É fundamental que o jornalista leia o roteiro antes de sair da redação, até para esclarecer alguma dúvida que possa surgir.

Cumprida a primeira etapa, é hora de seguir para o local das marcações. As gravações acontecem em locais públicos ou em outros espaços onde as entrevistas tenham sido agendadas. Nessa etapa, a equipe deve seguir à risca as indicações da pauta no que se refere ao cumprimento de horários e, se algo sair do controle, é preciso acionar os produtores para buscar uma solução.

Entre os transtornos mais comuns durante esse processo estão a não localização do endereço das marcações (o que ilustra a importância da pauta), o que pode atrasar a equipe; eventuais incidentes cotidianos, como uma parada forçada para trocar um pneu furado; e os casos em que, simplesmente, a pauta não "decola", o que pode ocorrer quando as informações não foram bem checadas ou se a fonte se recusar a falar ou negar acesso a dados importantes.

Nessa fase do trabalho telejornalístico, uma das principais atividades é a realização de entrevistas que, exceto em algumas situações pontuais, devem ter sido previamente agendadas pela produção.

4.2
A entrevista

Em telejornalismo, a palavra *entrevista* pode se referir tanto ao formato de programas e/ou quadros específicos em alguns produtos televisivos – em que o objetivo final é transmitir o diálogo entre apresentador e entrevistado à audiência – quanto a uma das principais atividades desenvolvidas pelo repórter em sua rotina de trabalho.

Entrevistar é o ato de fazer às fontes[1] as perguntas necessárias para a constituição das notícias que vão integrar o telejornal. De acordo com Cárlida Emerim (2012, p. 25), a entrevista no jornalismo está diretamente ligada a essa relação colocada pelo binômio *perguntas e respostas*: "De forma simplista, o entrevistar está intimamente ligado ao ato de questionar, de perguntar".

Ainda segundo Emerim (2012, p. 26), a entrevista também remete: ao encontro promovido pela mídia entre jornalistas e as

---

[1] Fontes são as instituições e/ou pessoas (investidas ou não de autoridade pública) acessadas pelos jornalistas para obter, descobrir, ilustrar e/ou confirmar as informações necessárias no processo de transformação dos acontecimentos em notícias. De acordo com a etapa do processo (produção e/ou transmissão), as fontes podem ter sido somente consultadas ou então devidamente entrevistadas e incluídas no produto final (Alsina, 2009).

pessoas que se envolvem ou são protagonistas de acontecimentos; ao "produto da ação de entrevistar", ou seja, ao conjunto obtido de declarações; e à atividade do próprio entrevistador.

Para a autora, citando Fraser Bond (Emerim, 2012, p. 26), as entrevistas podem ainda ter finalidade **noticiosa**, no sentido de captar informações e/ou colher opiniões; **de ilustração**; **de enquete**, constituindo-se em uma consulta rápida a mais de uma pessoa sobre um assunto pontual, do tipo "fala povo"; **coletiva**, quando uma autoridade ou instituição convoca repórteres de várias emissoras e veículos para fornecer informações sobre determinado tema de uma vez só; ou **de personalidade**, configurando-se quase como um perfil de uma única pessoa que, geralmente, tem algum prestígio social.

Ainda sobre o processo de entrevistar, Luciana Bistane e Luciane Bacellar (2006, p. 16-17) destacam que não há como fazer boas entrevistas se o jornalista desconhecer o assunto e aconselham:

> Para essas ocasiões, o ideal é estar bem preparado, o que não significa ler tudo a respeito do assunto e elaborar uma lista de perguntas, como costumam fazer os repórteres em início de carreira – que decoram o que vão indagar. Por estarem presos ao que prepararam, muitos repórteres não escutam coisas mais importantes que o entrevistado pode falar.

Essa observação feita pelas autoras é extremamente importante para que o ato de entrevistar não funcione na lógica semelhante a um pingue-pongue: uma pessoa pergunta e a outra responde, quase automaticamente. Para bem entrevistar, também é preciso desenvolver a habilidade de escuta e, mais do que isso, contar com raciocínio rápido para fazer os questionamentos oportunos e que farão a diferença na hora de finalizar o texto da reportagem.

Outra preocupação em relação ao ato de entrevistar diz respeito à necessidade de orientar os entrevistados – que nem sempre se sentem à vontade para falar diante de uma câmera. Uma das alternativas é conversar com a fonte antes da gravação, explicando quais serão os procedimentos, como funciona o equipamento, enfim, tentando deixá-la mais segura em relação à entrevista (Bistane; Bacellar, 2006, p. 17).

Encerrado o registro de sonoras (entrevistas) e imagens "na rua", a equipe volta para a redação. O repórter cinematográfico descarrega as imagens, em geral, diretamente nas ilhas de edição – computadores que ficam em salas com isolamento acústico e com toda a aparelhagem necessária para que a reportagem ganhe forma antes de ir ao ar. O próximo passo é a elaboração do roteiro.

Para saber mais

EMERIM, C. **As entrevistas na notícia de televisão**. Florianópolis: Insular, 2012.

Esse livro, escrito por Cárlida Emerim, é uma boa opção de material de apoio sobre o ato de entrevistar, bem como sobre as funções e a importância da entrevista no jornalismo de TV.

REPÓRTER revela bastidores de reportagem que mostrou funcionários fantasmas na Alerj. **Estúdio i**. Rio de Janeiro: Globo News, 6 dez. 2019. Programa de televisão. Disponível em: <http://g1.globo.com/globo-news/estudio-i/videos/t/todos-os-videos/v/reporter-revela-bastidores-de-reportagem-que-mostrou-funcionarios-fantasmas-na-alerj/8146056/>. Acesso em: 10 dez. 2020.

No dia 6 de dezembro de 2019, o repórter Pedro Figueiredo participou de um programa na Globo News para contar sobre os bastidores de uma reportagem investigativa que denunciou os funcionários fantasmas na Assembleia Legislativa do Rio de Janeiro (Alerj). Até o material estar pronto para a exibição, foram três meses de investigação jornalística. O vídeo é interessante para que se observe o que acontece durante a gravação de reportagens investigativas para exibição na TV.

ENTREVISTA com o jornalista Geneton Moraes Neto. **Observatório da Imprensa**. Rio de Janeiro: TV Brasil, 2012. Disponível em: <https://www.youtube.com/watch?v=QfnpGIqQ9C8>. Acesso em: 10 dez. 2020.

Na entrevista de Alberto Dines, no programa *Observatório da Imprensa*, Geneton Moraes Neto fala sobre a arte de entrevistar e sua importância para a prática jornalística.

4.3
Como elaborar o roteiro

A edição de texto durante a produção de um vídeo ou filme, por exemplo, é a fase de preparação em que se delineia como será contada a história (em ficção) ou como serão registrados os fatos e os depoimentos (no caso de um documentário). A esse texto, tecnicamente, dá-se o nome de *roteiro*.

Para Doc Comparato (1983, p. 15), o roteiro pode ser definido de diferentes formas, sendo esta "a mais simples e direta: roteiro é a forma escrita de qualquer espetáculo áudio e/ou visual. Isso se aplica a espetáculos de teatro, cinema, televisão, rádio etc.".

Portanto, podemos afirmar que o texto também é a base de todo o processo de edição. Sem saber o assunto e como discorrer sobre ele, não há sequência de imagens em movimento, ilustrações, fotos, documentos que possa ter um mínimo de sentido.

No telejornalismo, o relatório de reportagem (que também pode ser chamado de *roteiro*) é, em suma, o texto do repórter aplicado ao *template* (formato-padrão) adotado pela emissora. Nesse documento, o jornalista apresenta uma sugestão de cabeça para a matéria (texto para ser lido pelo apresentador), os *offs* (textos que serão narrados pelo repórter), a indicação de passagem (algumas emissoras exigem a transcrição literal) e de sonoras.

Em outras palavras, trata-se da base sobre a qual será desenvolvido o trabalho dos editores de texto e de imagem. Como não é comum que os repórteres participem da montagem do material, é possível perceber que, mais uma vez, o texto atua como uma ponte entre o que os produtores planejaram, o que foi executado pela equipe de reportagem e os editores que darão forma ao material gravado.

Com explica Luísa Abreu e Lima (2010), o relatório de reportagem apresenta, basicamente, a estrutura da reportagem mais as indicações para a montagem do material, que pode ser a sugestão de uso de um "abre áudio" ou de determinada imagem, por exemplo. Apesar de sujeita a variações de uma emissora para outra, a estrutura básica do roteiro é composta pelos elementos que descrevemos a seguir:

- **Cabeçalho**: o cabeçalho deve incluir, em primeiro lugar, a retranca da reportagem, ou seja, a identificação do material. Normalmente, a retranca é composta por duas ou três palavras-chave que identificam o material. Os nomes do repórter e do repórter cinematográfico também compõem o cabeçalho e são fundamentais tanto para a localização do material quanto para os créditos da reportagem. A data de produção da reportagem e a localização dos *off*s (incluindo a indicação de onde foram gravados, se na câmera ou na cabine de locução) também precisam constar no documento.
- **Retranca**: é a identificação interna da reportagem. Essa identificação já vem da pauta, segue no relatório de reportagem, é utilizada para arquivar as imagens da reportagem, permanece no arquivo de VTs editados e deve conter a indicação do tipo de material a ser produzido (VT, nota coberta etc.). Normalmente, é composta por duas ou três palavras no máximo. Exemplo: "DESVIO SAÚDE VT".

- **Cabeça**: é o texto que introduz a reportagem editada. O texto é lido pelo apresentador e, normalmente, contém o *lead* ou destaca o fato mais importante da notícia. No relatório, a cabeça deve ser incluída pelo repórter, uma vez que ele é a pessoa que esteve *in loco* identificando as minúcias da produção, e, portanto, é a mais indicada para essa missão. No entanto, a cabeça é uma sugestão e pode ser alterada tanto pelo apresentador como pelos editores ou pelo editor-chefe. Em alguns casos, a cabeça é encerrada com o anúncio dos autores da reportagem. Exemplo: "Veja na reportagem de Silvia Valim e Robson Silva".
- ***Off***: o termo deriva da expressão em inglês *off the record*, que, em português, em uma tradução literal, significa "fora dos registros". Ainda que, inicialmente, se refira a informações que não possam ser reveladas, no telejornalismo, o termo também é utilizado para designar as informações narradas pelo repórter com o apoio de imagens, ou seja, é a locução do texto escrito pelo jornalista para a estruturação da reportagem. Essa locução é organizada em texto, antes de ser narrada na cabine de locução ou, em alguns casos, gravada na própria câmera.
- **Sonora**: refere-se à entrevista feita pelo repórter. Nada mais é do que a fala gravada do entrevistado. Como é fundamental que a sonora seja concisa, o repórter deve planejar bem a entrevista, para que as respostas possam respaldar os *offs* que serão utilizados em seu texto. Isso também ajuda a reduzir o tempo de edição e confere dinamismo à produção da equipe, que, normalmente, tem tempo escasso para finalizar os materiais editados. Para Heródoto Barbeiro e Paulo Rodolfo de Lima

(2002), as sonoras em telejornalismo não devem ultrapassar 20 segundos, com exceção de pronunciamentos e falas expressivas de grande impacto no contexto do tema a ser reportado.

- **Passagem**: constitui uma etapa importante para respaldar que o jornalista esteve no local em que o assunto ocorreu ou foi apurado, passando mais confiança e credibilidade à reportagem. A passagem funciona ainda como uma espécie de assinatura do repórter. É muito utilizada quando não há imagens para ilustrar a notícia, tendo ainda a função de fazer a transição entre uma fonte ou um *off*.

- **Nota-pé ou nota-retorno**: é uma nota lida pelo apresentador como uma informação complementar após o fim da reportagem. Usualmente, refere-se a um serviço, como telefone, *sites* e endereços que não entram na reportagem. Além disso, apresentar os dados ao fim da reportagem garante que o telespectador possa anotá-los. Quando se utiliza o termo *nota-retorno*, trata-se da resposta de uma fonte que não pôde ser consultada antes do fechamento do material, mas deixou sua opinião para a redação, por exemplo, por *e-mail*. Exemplo: "A Empresa A informa que não vai prestar esclarecimentos sobre as acusações até que seja intimada judicialmente. Já o Governo de Sergipe declara desconhecer o ocorrido".

Todos esses elementos devem estar no relatório de reportagem, que nada mais é do que uma lauda (página) indicando cada um dos itens citados. O relatório ajuda o repórter a estruturar a reportagem, além de orientar e agilizar o trabalho dos editores.

Para que a reportagem seja fiel ao que foi pensado pelo repórter, o relatório deve conter a ordem de cada um dos *off*s, das sonoras e da passagem, incluindo as deixas inicial e final[2] de cada fala que deve ser inserida. Sobre a passagem (que será discutida de maneira mais detida ao longo do capítulo), Lima (2010, p. 68) adverte que é preciso ter uma estrutura textual em mente antes de fazer a gravação: "se gravar a passagem sem planejar o resto do texto, pode ficar impossível encaixá-la depois".

Dessa forma, a redação da reportagem não é um processo estanque, executado somente no momento em que o jornalista chega da rua e se senta em frente ao computador. É preciso que a coerência da matéria jornalística comece a ser pensada ainda no momento da execução das marcações: durante as entrevistas, na discussão com o repórter cinematográfico sobre as imagens e, especialmente, ao definir o texto da passagem.

No entanto, essa estrutura poderá ser alterada pelos editores de texto e de imagem, de acordo com a necessidade. Isso porque, às vezes, o repórter imagina um texto que não contempla as necessidades do telespectador ou, ainda, que não se encaixa na linha editorial da emissora.

Na sequência, apresentamos dois modelos de relatório de reportagem: um deles contém somente uma coluna e o outro é distribuído em duas, com espaço para as especificações técnicas.

• • • • •

2. As deixas inicial e final referem-se ao que inicia ou encerra uma matéria. Pode ser uma palavra, uma imagem ou um "sobe som" ou queda de áudio. "Deve ser precisa, pois indica ao diretor de TV o momento de fazer um corte com o jornal no ar" (Bistane; Bacellar, 2006, p. 133).

153 A reportagem na TV

Modelo de relatório simplificado

Retranca: BACTERIAS OBJETOS VT
Repórter: SILVIA VALIM
Imagens: CHRYSTIAN TOSCANI

Sugestão de Cabeça: Além do hábito de carregar bolsa, documentos e objetos pessoais, costumamos carregar sabe o quê?/ Bactérias./ Um celular, por exemplo, pode conter muito mais germes do que um vaso sanitário.//

OFF1: ELES SE MULTIPLICAM DIARIAMENTE E ESTÃO CADA VEZ MAIS MODERNOS.// SÃO MAIS DE 270 MILHÕES DE CELULARES ATIVOS SÓ NO BRASIL.// UMA AGENDA MÓVEL, COM ACESSO A EMAILS, MENSAGENS, APLICATIVOS E QUE FOTOGRAFA.///

SONORA1: ANA MARIA DELGADO – Especialista em Tecnologia Móvel
DEIXA INICIAL: SÃO MAIS DE...
DEIXA FINAL: ...PARA QUE CONHEÇAM.

PASSAGEM: (Silvia Valim/ Curitiba) O QUE POUCOS SABEM É QUE ESSES APARELHOS/ ALÉM DE DADOS E INFORMAÇÕES/ CARREGAM MUITAS BACTÉRIAS.///

OFF2: UM ESTUDO DA UNIVERSIDADE DO ARIZONA MOSTROU QUE CELULARES TÊM DEZ VEZES MAIS BACTÉRIAS DO QUE AS PRIVADAS.// ISSO PORQUE OS TELEFONES FICAM PRÓXIMOS DA BOCA/ E EM CONTATO DIRETO COM AS MÃOS.///

SONORA 2: JOÃO CAETANO DA SILVA – Bacteriologista
DX. I: A BOCA DO SER HUMANO...
DX. F: ...ANTES DE ATENDER O CELULAR.

OFF3: TECLADO/ MOUSE DO COMPUTADOR/ E OS CARTÕES DO BANCO TAMBÉM SÃO FONTES DE BACTÉRIAS// ASSIM COMO O PRÓPRIO DINHEIRO./// UMA NOTA DE DEZ REAIS/ NOVINHA COMO ESSA/ JÁ PODE APRESENTAR CONTAMINAÇÃO.// IMAGINE UMA NOTA DE DOIS REAIS///

SONORA 3: JOÃO CAETANO DA SILVA – Bacteriologista
DX. I: O DINHEIRO APRESENTA ALTA CIRCULAÇÃO...
DX. F: ...COLIFORMES FECAIS

OFF3: A MELHOR FORMA DE PREVENIR É LAVANDO AS MÃOS CONTINUAMENTE/ OU USANDO O ÁLCOOL EM GEL.// OS PERIFÉRICOS TAMBÉM DEVEM SER HIGIENIZADOS CONFORME AS INSTRUÇÕES DO FABRICANTE.///

ENQUETE: MOÇA QUE FICA SURPRESA DE PENSAR QUE COLOCA O CELULAR PERTO DA BOCA E DIZ QUE VAI CRIAR O HÁBITO DE LIMPAR O CELULAR
RAPAZ CONFESSA QUE NUNCA LIMPOU O CELULAR DESDE QUE O COMPROU

Os dois modelos contêm todos os itens de um relatório de reportagem. O cabeçalho, por exemplo, está presente em ambos, porém de forma diferenciada. No segundo caso, as informações técnicas que vão para a tela ficam na coluna à esquerda da lauda, diferenciando-se informações pertinentes ao editor de imagens, ao editor de texto e ao editor-chefe.

Modelo de relatório com duas colunas	
TELEJORNAL BOAS NOVAS	
RELATÓRIO DE REPORTAGEM	
DATA:	REPÓRTER:
DURAÇÃO:	PAUTEIRO:
EDIÇÃO:	IMAGENS:
	(SUGESTÃO DE CABEÇA) TEXTO QUE DEVERÁ SER LIDO PELO APRESENTADOR DO TELEJORNAL PARA CHAMAR A REPORTAGEM. A SUGESTÃO DEVE SER ELABORADA PELO REPÓRTER, MAS, SE FOR NECESSÁRIO, PODE SER ALTERADA PELA EDIÇÃO. O TEXTO DEVE INFORMAR O QUE O TELESPECTADOR VAI ACOMPANHAR NA SEQUÊNCIA. NO ENTANTO, NÃO DEVE SER IGUAL AO OFF1. (OFF) TEXTO DO REPÓRTER QUE SERÁ NARRADO E COBERTO POR IMAGENS RELACIONADAS DURANTE O PROCESSO DE EDIÇÃO.
GC: NOME DO REPÓRTER – Local onde foi gravada a passagem	(PASSAGEM) TRANSCRIÇÃO DO TEXTO NARRADO NA PASSAGEM, PARA FACILITAR A REDAÇÃO DO TEXTO.

(continua)

(conclusão)

GC: NOME DO ENTREVISTADO – Profissão GC: Imagens: NOME DO AUTOR DAS IMAGENS (geralmente, inserido no último OFF)	(SONORAS) TRECHOS DAS ENTREVISTAS QUE SERÃO UTILIZADOS, COM MARÇAÇÃO DA PRIMEIRA PALAVRA E DA ÚLTIMA, COM O TIMECODE (CÓDIGO DE TEMPO, POR EXEMPLO: 4'56") DOS TRECHOS A SEREM UTILIZADOS.

Independentemente da configuração, a proposta é que o relatório siga a ordem de apresentação da reportagem. Ou seja, por meio dele, o jornalista deve contar uma história e, como acontece em toda história, é preciso que a reportagem tenha início, meio e fim. Normalmente, o vídeo começa com informações do repórter trazidas em *off*, seguidas de sonora ou passagem. Na coluna à direita é que a história será "amarrada" pelo repórter.

À medida que o repórter traz informações, é preciso respaldá-las com fontes: são os entrevistados que confirmam essa história. A costura é feita pelo jornalista de forma a estabelecer uma resposta ao *lead*, com a função de tirar as dúvidas do telespectador sobre o ocorrido.

O *teaser* também pode ser inserido no relatório quando é costume do telejornal. O termo, que vem do inglês e significa "provocação", é uma "intervenção breve gravada pelo repórter para incitar a curiosidade do telespectador sobre uma determinada matéria" (Lima, 2010, p. 59).

É comum o uso do *teaser* na escalada do telejornal, como um trecho da notícia que será revelada mais tarde por meio de reportagem. Pode ser um "abre áudio" da reportagem ou a edição de um trecho das imagens capturadas. Essa chamada rápida funciona como uma manchete da matéria.

Vejamos alguns exemplos de *teaser* durante a escalada; neles, o *teaser* representa o texto gravado pelo repórter *in loco* e complementa a informação anterior, que é lida pelo apresentador:

> MORADORES DE COLOMBO RECLAMAM DAS OBRAS INACABADAS NA RODOVIA DA UVA./ **TEASER: A ESPERA DURA SETE ANOS./ E NÃO HÁ PRAZO PARA A CONCLUSÃO DA ESTRADA.//**
>
> PARATLETAS TREINAM EM PARQUE NÁUTICO DA REGIÃO METROPOLITANA DE CURITIBA./ **TEASER: AQUI A BUSCA CONSTANTE NÃO É POR MEDALHAS, MAS PELA SUPERAÇÃO DE LIMITES.//**

O *stand-up*[3] é outra estratégia jornalística que pode estar em um relatório. É uma espécie de boletim gravado pelo repórter no local com informações sobre a pauta que está sendo coberta.

---

3 Conforme Bistane e Bacellar (2006, p. 137), o *stand-up* é um recurso usado para dar uma notícia quando não se dispõe de imagens. Entre as variações estão os seguintes casos: quando somente o repórter aparece no vídeo, como uma passagem ligeiramente mais longa que o habitual; quando o material tem alguns trechos cobertos com imagens referentes ao assunto; ou, ainda, quando há um entrevistado, configurando-se uma espécie de "falso vivo".

Normalmente, o *stand-up* é utilizado quando a notícia é importante, mas não conta com muitas imagens ou informações em número suficiente para fechar uma reportagem. Pode ter também a função de serviço, com informações rápidas sobre uma campanha de vacinação, por exemplo. Pode conter ou não uma sonora. Recebe esse nome pelo fato de o repórter ficar em pé em frente à câmera, quase como se gravasse uma passagem.

Por ser gravado, o *stand-up* se diferencia do ao vivo, mas tem exatamente o mesmo formato. Usualmente, é utilizado para complementar uma reportagem anterior. Por exemplo: a reportagem mostra a atual situação de um parque de determinada cidade; se o local estiver destruído, tomado por vândalos e praticamente abandonado, é possível usar um *stand-up* para apresentar um retorno sobre a situação denunciada.

Para saber mais

SUPERIOR TRIBUNAL DE JUSTIÇA DE SÃO PAULO. **Jornal da Justiça 1ª edição**: Stand-up – Tarifa São Paulo. 6 fev. 2017. Disponível em: <https://youtu.be/pZmx uZkfB4w>. Acesso em: 11 jan. 2021.

Nesse vídeo, postado em 6 de fevereiro de 2017, podemos ver no *Jornal da Justiça*, da TV Justiça, um *stand-up* sobre uma polêmica envolvendo o aumento da tarifa de ônibus em São Paulo (SP). O material permite observar que a redação da cabeça (que em boa parte das emissoras fica sob a responsabilidade do repórter) introduz o tema do *stand-up* sem repetir informações. Note, ainda, o enquadramento da repórter e a maneira como gesticula e usa o tom de voz durante a apresentação do texto, buscando deixar o formato menos "engessado".

"JAP2": escalada, trechos e encerramento do telejornal, com Salgado Neto – (14/08/2019). Disponível em:< https://www.youtube.com/watch?v=qSHxSErHzh0>. Acesso em: 10 dez. 2020.

A escalada do *Jornal do Amapá 2ª Edição* do dia 14 de agosto de 2019, narrada ao vivo pelo apresentador Salgado Neto, traz uma série de exemplos sobre o uso de *teasers* na abertura do telejornal. Em alguns casos, o *teaser* se resume a um trecho de sonora rápida a respeito de uma das manchetes.

∴ A passagem

Além da gravação de entrevistas, outra tarefa desempenhada pela equipe na rua é a gravação da passagem, momento em que o repórter aparece no vídeo durante uma reportagem (Peixoto; Porcello, 2016). Entre outros aspectos, ela pode ser uma boa opção para suprir a falta de imagens (Bistane; Bacellar, 2006, p. 24) quando não há como ilustrar uma informação essencial.

A passagem também funciona como uma espécie de assinatura da reportagem (Bistane; Bacellar, 2006, p. 23) e o ideal é que seja criativa e relevante. Seu texto deve seguir as mesmas regras do restante do relatório de reportagem, como regras gramaticais, indicações de melhor sonoridade e ritmo textual. No entanto, há mais liberdade de criação para o repórter.

Para Filipe Peixoto e Flávio Porcello (2016, p. 124-125), a gravação da passagem deve ser preparada de maneira cuidadosa: "Trata-se de um momento da reportagem que precisa ser executado com esmero, para não conturbar a narrativa e, preferencialmente, para contribuir no desenvolvimento da história que está sendo contada".

A gravação da passagem pode ser em um formato-padrão, com a figura do repórter centralizada no vídeo, mas pode também contar com algum movimento, com detalhes das informações que estão sendo transmitidas e buscando-se transmitir as sensações do repórter no local. A regra é ser coerente com a escolha do movimento, do texto, da atuação em face da informação. É importante lembrar, contudo, que existe uma linha tênue entre o genial e o ridículo, por isso é preciso ter bom senso na escolha.

Lima (2010) entende que a passagem não é apenas o resultado de uma construção individual e guarda uma certa historicidade, ou seja, as marcas de todos os simbolismos e convenções assimilados por repórteres e cinegrafistas. É como se existisse uma certa convenção sobre o que pode ser considerado como uma boa passagem.

A autora considera que a gravação da passagem é como um ritual a ser cumprido pelo repórter: "Toda passagem tem em comum três elementos básicos: um repórter, um dizer e um lugar. Tirando uma das bases desse tripé, dificilmente podemos falar que se trata de uma passagem" (Lima, 2010, p. 135).

:: Categorias de passagem

Os autores que se debruçam sobre o estudo das tarefas desempenhadas no telejornalismo destacam que é possível apontar uma certa tipificação ou padronização no que se refere à gravação da passagem. Lima (2010) lista sete categorias relativas aos usos mais frequentes da passagem pelos repórteres:

1. Contextualização de informações
2. Desdobramento dos fatos e/ou fenômenos: repercutindo, desdobrando, atualizando ou detalhando
3. Indicação ou realce de percurso da reportagem (quando serve como uma espécie de ponte entre os elementos)
4. Hierarquização de informações: para organizar os dados ou atribuir importância a eles
5. Proposição de juízos interpretativos: para realizar crítica ou análise de fatos
6. Presentificação: para reforçar a condição do jornalista como testemunha dos acontecimentos
7. Gerenciamento de atenção: com a aplicação de estratégias para despertar o interesse dos telespectadores

Apresentamos, a seguir, alguns exemplos do que pode ser inserido na passagem para ampliar as sensações do telespectador em relação ao tema debatido:

- a descrição de como é estar no topo do edifício mais alto do Brasil;
- o sabor de uma refeição popular vendida a preços módicos no centro de uma capital;

- o local exato onde se passou determinado acidente ou como um edifício ficou depois de um incêndio;
- a intensidade do vento no inverno em Tóquio.

Figura 4.1 – Exemplo de passagem com a repórter no centro do vídeo, na rua

Figura 4.2 – Exemplo de passagem gravada em ambiente interno, na redação

A passagem deve ser gravada no local da reportagem; com raras exceções, em casos de matérias produzidas com informações que não foram obtidas *in loco*, elas devem ser gravadas em local neutro, usualmente com fundo desfocado, apenas para ilustrar o material.

Apesar de ter tom de espontaneidade, a passagem deve ser previamente preparada pelo repórter, não somente o texto, mas o movimento de câmera, os gestos e a oralidade. Como nada vem pronto, é preciso trabalhar o conteúdo antes de embalar o produto. Por isso, a recomendação é ler todo o texto do relatório, assim como o da passagem, em voz alta, várias vezes, antes de gravar, pois essa é a forma mais eficaz de identificar erros. Ao ler o texto em voz alta, pode-se identificar a falta ou o excesso de pontuações que atrapalham a leitura, bem como frases longas demais ou cacófatos.

Ainda assim, é possível que seja necessário gravar a passagem mais de uma vez, o que é bastante comum. Porém, nos casos em que a passagem for gravada com um entrevistado, o melhor é criar um texto curto e simples para evitar erros e não gastar o tempo e a paciência do entrevistado.

Observe, a seguir, um modelo de passagem com movimento:

> Os carros estão aqui parados, mas dá pra fazer uma viagem no tempo com essas relíquias.// Um dos automóveis mais antigos do museu é este Ford R – de 1919.// Pra fazer o motor pegar, acredite, tinha que ser "na" manivela.// Assim como a buzina, ouve só.// (abre áudio da buzina) Algumas gerações nem imaginam que isso já existiu.///

É preciso pensar sempre que a passagem é uma conexão entre o texto anterior e o seguinte ou entre o entrevistado anterior e o seguinte. Agora, veja um modelo de passagem com entrevistado:

> Uma nota de dez reais, novinha – como essa – já pode apresentar contaminação.// Imagine então uma nota de dois reais!!!// Doutor João, o que pode ser encontrado em dinheiro de alta circulação – como essa nota??

Nesse modelo de passagem com entrevistado, o texto é curto, mas vem na sequência de um *off* explicativo. Repare, agora, na relação entre a passagem e os textos que a antecedem e sucedem:

> OFF2: MOUSE DO COMPUTADOR, CELULAR E CARTÕES DE BANCO TAMBÉM SÃO FONTES DE BACTÉRIAS, ASSIM COMO O PRÓPRIO DINHEIRO...//
> **PASSAGEM: Uma nota de dez reais, novinha – como essa – já pode apresentar contaminação.// Imagine então uma nota de dois reais!!!// Doutor João, o que pode ser encontrado em dinheiro de alta circulação – como essa nota??**
> SON. João Costa Santos – Bacteriologista
> DI: O dinheiro apresenta sempre...
> DF: ...incluindo coliformes fecais
> OFF3: A MELHOR FORMA DE PREVENIR É LAVANDO AS MÃOS CONTINUAMENTE... OU USANDO O ÁLCOOL EM GEL.// OS PERIFÉRICOS TAMBÉM DEVEM SER HIGIENIZADOS CONFORME INSTRUÇÕES DO FABRICANTE.//

LEGENDA:
DI -> Deixa inicial
DF -> Deixa Final
SON. -> Sonora

Apesar de todas as regras para o aprimoramento do texto e do resultado de um produto audiovisual, para que a reportagem chegue ao telespectador da forma mais completa e honesta possível, é necessário ter em mente que há um trabalho em equipe por trás disso (Pena, 2005).

A passagem também é resultado dessa comunicação, o que pode ser interpretado como a constante parceria entre repórter e cinegrafista. Esses profissionais precisam ter sintonia e, especialmente, respeito para que o resultado seja o melhor possível.

∴ Na hora de preparar e gravar o *off*

O produto televisivo é formado por áudio, texto, imagem e arte. A soma de todos esses elementos resulta em objetividade e clareza na hora de contar uma história. Tudo deve estar em sincronia para ter resultado. É preciso contextualizar. E, como em TV o texto é narrado, é fundamental que ele seja claro e objetivo. O texto para televisão, conforme apontamos, não deve descrever a imagem, mas apoiá-la. Um desses elementos textuais é o *off* – que é lido por repórteres e/ou apresentadores e coberto com imagens.

Cientes, portanto, de que o texto para TV deve ser coloquial, façamos um exercício de observação. O texto a seguir se encaixa nesse quesito?

> O *smartphone* se tornou um dispositivo quase indispensável no dia a dia do brasileiro. Os telefones inteligentes são indicados para quem usa o aparelho para múltiplas atividades, como acessar a internet e as redes sociais, baixar aplicativos e jogar. Em março de 2014, o Brasil chegou à marca de 273,58 milhões de telefones celulares ativos, segundo dados divulgados nesta quarta-feira (23) pela Agência Nacional de Telecomunicações (Anatel).

Fonte: Elaborado por Silvia Valim, com base em Brasil..., 2014.

Se você considerou o texto do exemplo coloquial, então respondeu corretamente. É um texto bastante claro, que traz informações sobre uso dos *smartphones* em 2014, quando o aparelho ainda era novidade no país. O resumo ainda traz informações a respeito do número de habilitações no Brasil. No entanto, esse é um ótimo texto para jornal ou *site*.

Para a televisão, é possível resumir ainda mais o texto e substituir, ou até mesmo excluir, alguns termos. Então, como fragmentá-lo em *off*s de forma a contar uma história da maneira mais objetiva e clara possível? Uma dica é separar cada bloco de informação em frases curtas, que possam ser compreendidas pelo telespectador sem que ele precise ouvi-las novamente para entender a ideia.

Uma das vantagens de *sites*, jornais e revistas é a possibilidade de o leitor retomar a leitura quando não compreende totalmente o que foi lido. Mas isso não acontece em televisão. É verdade que, hoje, com a internet, já é possível armazenar vídeos que foram ao ar pela TV, o que permite avançar ou retornar o conteúdo – o que ainda não serve de parâmetro para a produção audiovisual.

Como já mencionamos outras vezes, frases curtas são a melhor estratégia para a plena compreensão do telespectador, pois facilitam seu raciocínio. Frases longas dificultam não somente a compreensão, mas também a narração do repórter.

Vamos fazer um exercício? Leia em voz alta a frase a seguir:

> O Brasil fechou março com 273,58 milhões de telefones celulares ativos, segundo dados divulgados nesta quarta-feira (23) pela Agência Nacional de Telecomunicações (Anatel).

Fonte: Brasil..., 2014.

Difícil, não é mesmo? A frase, considerando-se o número de caracteres (180), já é longa por si só. Os números, nesse caso, dificultam ainda mais. O correto é sempre deixá-los por extenso para que o cálculo do tempo de leitura seja feito corretamente. Observe:

> OFF: ELES SE MULTIPLICAM DIARIAMENTE E ESTÃO CADA VEZ MAIS MODERNOS./ SÃO MAIS DE DUZENTOS E SETENTA MILHÕES DE CELULARES ATIVOS SÓ NO BRASIL./ ENTRE ELES, O SMARTPHONE: UMA AGENDA MÓVEL COM ACESSO A EMAILS, MENSAGENS, APLICATIVOS E QUE, CLARO, FOTOGRAFA./

Fonte: Elaborado por Silvia Valim.

O texto está conciso e contém todas as informações do texto anterior, porém de uma forma leve e mais complacente para com o telespectador. Os dois pontos na sequência da palavra *smartphone* dão a tônica da narração: ajudam a aumentar o fôlego do narrador e promovem uma pausa no texto, facilitando a compreensão do ouvinte.

Também não se deve subestimar o telespectador, uma vez que tudo o que for utilizado no texto será acompanhado por uma imagem. É importante que ambos estejam associados, contudo é preciso evitar o que Vera Íris Paternostro (2006, p. 85) chama de *redundância*, quando o texto descreve exatamente o que mostra a imagem: "só se faz TV com imagem, mas a palavra tem lugar garantido. O nosso desafio é descobrir como e quando usar a palavra".

É necessário sentir-se o mais à vontade possível com o texto, dando ritmo à narrativa. Se existem aspas num texto lido, isso já quebra o embalo da frase. Também é preciso atentar para a falta de concordância verbal e para o uso de termos com muitas letras "s", pois o excesso dessa letra polui a narração.

A chave é sempre ter em mente que todo conteúdo divulgado em um telejornal tem como objetivo final ser compreensível e útil para as pessoas que estarão do outro lado das telas. Emerim (2010, p. 39) adverte a esse respeito: "O telespectador é o motivo de toda e qualquer produção televisiva. Um programa só é imaginado, planejado e executado porque se acredita que alguém terá interesse em assisti-lo".

A seguir, listamos algumas orientações:

- Ler o texto em voz alta é uma estratégia para certificar se o texto está compreensível. Se faltar fôlego, houver rimas ou algo não fizer sentido, é prudente revisar a escrita.
- Os pronomes possessivos *seu/sua* não devem ser usados, pois podem confundir o telespectador. Exemplo: Sua mãe sempre foi bonita. (A minha ou a dele?)
- Escrever o *off* em caixa-alta auxilia na leitura no momento de gravar a narração e facilita na hora de escrever o texto.

- Inserir símbolos, como barras (///), no final de frases ou antecipar o ponto de interrogação também pode facilitar a leitura.
- Destacar palavras, sublinhando ou deixando-as em itálico, pode enriquecer a interpretação do texto e ajudar na ênfase em determinados termos na hora da gravação do *off*.

Agora, observe um modelo de texto para TV com todas as sugestões anteriores:

> **OFF: ??**VOCÊ JÁ PERCEBEU QUANTOS APARELHOS MÓVEIS EXISTEM **NO MUNDO**?/ ELES SE MULTIPLICAM DIARIAMENTE E ESTÃO CADA VEZ MAIS **MODERNOS**./ SÃO MAIS DE DUZENTOS E SETENTA **MILHÕES** DE CELULARES ATIVOS **SÓ NO BRASIL**./ ENTRE ELES, **O SMARTPHONE**: UMA AGENDA MÓVEL COM ACESSO A EMAILS – MENSAGENS – APLICATIVOS – E QUE, CLARO, **FO-TO-GRA-FA**.//

:: **Ritmo**

A forma como um texto é narrado direciona a intenção da informação. Logo, uma locução pode ser alegre, entusiasmada, melancólica, séria, engraçada ou, infelizmente, enjoativa, entre outras características. Ao forçar uma determinada entonação, um locutor pode gerar até uma antipatia desnecessária por parte do telespectador.

Ao gravar um *off*, é preciso delimitar a intenção: se a notícia é séria, é preciso manter esse foco; se a informação é mais leve, é possível permear a narração com entonações com ar mais espontâneo que ajudem a contar a história de maneira mais intimista[4].

As inflexões na fala, por exemplo, tornam a narrativa menos uniforme e, portanto, menos monótona. Falar sempre no mesmo tom, como se fosse uma linha reta, em alguns momentos é importante: para informar uma notícia séria ou para enfatizar a imparcialidade. No entanto, quando a locução não sofre muitas variações, torna-se repetitiva e chata. Por isso é tão importante revisar o texto várias vezes antes de gravá-lo.

:: Quando o texto é só texto

As informações contidas no relatório são de acesso apenas do repórter, do editor de imagem e do editor de texto. Portanto, não é necessário preocupar-se com a estética. Os símbolos, a forma de escrita dos *offs* e da passagem, as deixas indicadas nas sonoras, assim como a retranca, não sairão do relatório. O importante é que a estrutura seja precisa e direcione os editores. Porém, existem três momentos em que o texto indicado no relatório é visto também pelo telespectador:

- quando o nome e a função/profissão do entrevistado aparecem na tela;

---

4   Atualmente, com o mundo ao alcance de nossas mãos através da internet, vivenciamos cada vez mais um distanciamento da voz. Isso se deve, principalmente, ao uso constante de aplicativos de mensagens e redes sociais. Com isso, há uma relativa perda na verbalização e também a ocorrência de uma forma de escrita mais apoiada na oralidade. O *e-mail*, sistemas de mensagens (SMS), aplicativos e redes sociais têm sido as ferramentas mais utilizadas na comunicação, muitas vezes de maneira informal, o que prejudica em certa medida o desenvolvimento da escrita e, consequentemente, da oralidade.

- quando os nomes do repórter e do cinegrafista são creditados no VT;
- ao usar dados em telas, arte, infografismo, entre outros.

O que estiver indicado no campo relativo à sonora, no relatório, é o que vai aparecer na tela durante a exibição do vídeo editado. Assim, é sempre importante conferir com o entrevistado a grafia de seu nome e a profissão/função correta a ser indicada.

O mesmo cuidado vale em relação aos dados. Se em algum *off* for solicitada uma arte para a apresentação de informações na tela, é fundamental especificar exatamente números, datas, porcentagens ou outros dados que deverão aparecer no vídeo. Nesses casos, mesmo que se necessite arredondar um número, é preciso escrever o valor exato.

Por exemplo: você pode ler no *off* que determinada pesquisa mostrou que "o número de refugiados venezuelanos, no Brasil, já ultrapassou a marca dos cinquenta mil". Contudo, na tela, vai aparecer o número 51.468. Uma forma de resolver isso é inserir os dados na sequência, como se gostaria que aparecessem na tela, ou, ainda, entre parênteses, no próprio *off*, deixando-se a critério do editor de texto a disposição das informações na tela. Observe os dois exemplos a seguir:

1.

OFF4: O LEVANTAMENTO APONTOU QUE EXISTEM MAIS DE CEM MILHÕES DE MULHERES NO BRASIL./ O NÚMERO REPRESENTA POUCO MAIS DE CINQUENTA PORCENTO DOS

> ELEITORES./ MAS, NO PARLAMENTO, ELAS NÃO CHEGAM A
> DEZ PORCENTO DAS CADEIRAS OCUPADAS//
> **(INFOS TELA - OFF 4)**
> 107 MILHÕES DE MULHERES
> 52% DOS ELEITORES SÃO MULHERES
> PARLAMENTO: 9% MULHERES
> 2.
> OFF4: A PESQUISA APONTOU QUE EXISTEM MAIS DE CEM
> MILHÕES **(107 MILHÕES)** DE MULHERES NO BRASIL./ O
> NÚMERO REPRESENTA POUCO MAIS DE CINQUENTA PORCENTO
> **(52%)** DOS ELEITORES./ MAS, NO PARLAMENTO, ELAS NÃO
> CHEGAM A DEZ PORCENTO **(9%)** DAS CADEIRAS OCUPADAS//

Fonte: Elaborado com base em Bordin, 2016.

:: Imparcialidade

Ainda com relação ao momento de finalizar o texto e dar corpo à reportagem, também é fundamental que o jornalista o faça desprovido de suas paixões e interesses pessoais. Por isso, toda informação utilizada no texto deve ser precisa. Cada imagem ou cada palavra deve ser escolhida de maneira criteriosa, sob pena de distorcer fatos e conduzir o telespectador a interpretações equivocadas.

Por princípio, o jornalista deve buscar a exatidão da informação, a isenção, a imparcialidade e a impessoalidade, a independência em face de todo tipo de poder, a clareza do texto e da imagem, o equilíbrio entre as versões apresentadas a respeito de qualquer questão, a desvinculação de partidos e o respeito aos direitos alheios.

A imparcialidade também é um tema central nas discussões sobre ética jornalística, presente, inclusive, no Código de Ética dos Jornalistas Brasileiros. Para muitos, entretanto, a imparcialidade é uma utopia, visto que a própria escolha de pautas e fontes já é um recorte parcial do profissional que elabora a notícia. Fica evidente, portanto, que jornalistas podem destacar determinados aspectos em detrimento de outros.

Sonia Aparecida Lopes Benites (2002) esclarece que a atividade discursiva é subjetiva, ou seja, atravessada por aspectos particulares imprimidos por quem produz determinado texto. A respeito desse tema, Benites (2002, p. 12) escreve:

> A produção discursiva apresenta-se como uma atividade inteiramente subjetiva, já que seu sujeito está interessado em alcançar, com o texto e através do texto, determinados fins: a mesma subjetividade manifesta-se na participação do leitor na construção do sentido do texto, uma vez que esta não é um produto acabado [...]. Sendo a subjetividade uma característica inerente a toda atividade de linguagem, pode-se afirmar que não existem textos objetivos, mas recursos discursivos que constroem tanto o efeito de objetividade como o de subjetividade.

Mas, se toda ação de linguagem – como escrever, informar e comunicar – envolve subjetividade, como se alcança a imparcialidade? Isso é realmente possível? Elcias Lustosa (1996, p. 21-22), por exemplo, define a imparcialidade como um mito jornalístico: algo que não se efetiva na prática. Segundo o autor (1996, p. 22), embora a imparcialidade seja tratada como um princípio moral e ético do jornalismo, ela não passa de "mera retórica, sendo usada para preservar o discurso e os interesses do próprio veículo". Todavia, autores como Bill Kovach e Tom Rosenstiel (2003, p. 122-123) avançam em relação a essa noção de mito ao enfatizar que existe um mal-entendido em relação à questão da imparcialidade, que não deve ser considerada como um "objetivo em si mesma" :

> Imparcialidade deve significar que o jornalista está sendo equânime e isento em relação aos fatos, e ao entendimento que os cidadãos têm deles. Não deve significar "eu estou sendo justo com minhas fontes, de forma que nenhuma delas ficará chateada?". Tampouco deve o jornalista perguntar "será que a minha matéria parece imparcial?". Estes são julgamentos subjetivos que talvez afastem o jornalista da necessidade de checar ainda mais o seu trabalho. (Kovach; Rosenstiel, 2003, p. 122)

Para resolver esse mal-entendido, os autores propõem que os jornalistas adotem uma "disciplina de verificação" dos fatos. Em outras palavras, Kovach e Rosenstiel (2003, p. 123) apontam para a necessidade de adotar um método objetivo de se fazer jornalismo, valendo-se do que eles chamam de "princípios intelectuais da ciência da reportagem".

De acordo com os autores, para superarem a imparcialidade como uma busca matemática que passaria pelo equilíbrio entre fontes (por exemplo, ouvir os dois lados), os jornalistas: nunca devem acrescentar às matérias nada que não exista; nunca devem enganar o público; devem ser o mais transparentes possível sobre os métodos e motivos que ancoraram uma abordagem/reportagem; jamais devem confiar somente no próprio trabalho; e precisam ser humildes (Kovach; Rosenstiel, 2003, p. 123).

Com base nessa discussão – que também encontra eco em outros estudiosos do assunto –, está claro que todo jornalista, na condição de cidadão, tem o direito legítimo de ter suas opções políticas, econômicas, religiosas, esportivas e sociais. Entretanto, é necessário manter uma disciplina no exercício da atividade, sob pena de incorrer em deslizes éticos e desrespeito em relação às expectativas do público.

Para saber mais

A MONTANHA dos sete abutres. Direção: Billy Wilder. EUA, 1951. 111 min.

O filme narra a vida de um jornalista que, com o ego ferido após uma demissão, para recuperar seu prestígio profissional, manipula informações e, até mesmo, o resgate de um homem que ficou preso em uma mina. O material ajuda a ilustrar o quanto o descumprimento dos dilemas éticos da profissão pode provocar danos às pessoas e à sociedade como um todo.

SOB FOGO cerrado. Direção: Roger Spottiswoode. EUA, 1983. 128 min.

Esse filme é de 1983 e tem como cenário a Revolução Sandinista, na Nicarágua, contexto em que se tornam evidentes os dilemas enfrentados por um jornalista ao apurar informações a respeito da situação daquele país. A produção permite discutir os limites em relação à possibilidade de um jornalista atuar politicamente no desempenho de seu trabalho.

Síntese

Para escrever um bom texto de televisão, é necessário ter sólido conhecimento cultural e desenvolver um estilo de linguagem apropriado, com textos curtos, claros e objetivos. Como mostramos ao longo dos capítulos, os processos de apuração e de produção também são determinantes para esses bons resultados.

Como destacamos, não adianta a pauta ser ótima se o trabalho de reportagem for insuficiente. O momento de ir para a rua também exige muito do jornalista, que precisa seguir as indicações da produção e ainda contar com doses extras de perspicácia para realizar boas entrevistas e garantir a criatividade para gravar uma passagem bem-feita.

Abordamos também as funções da passagem: mudança de tema ou local; assinatura do repórter; comprovação de que a equipe esteve no local; transmissão de informações ou dados que não podem ser mostrados em imagens.

De volta à redação, o profissional precisa estar atento à elaboração do roteiro, ou relatório de reportagem. Nele, além das indicações para os editores de texto e de imagem, também constam as informações que serão levadas ao público por meio de indicações na tela.

Com o texto da reportagem em mãos, chega o momento de o jornalista gravar o *off*. Além de imprimir a emoção correta, para que a narração não destoe do teor do VT, o repórter deve ter em mente a melhor maneira de fazer as inflexões e, por meio da sonoridade, facilitar o processo de compreensão da notícia pelo público.

Outro elemento importante nessa etapa é a adoção de procedimentos que garantam a imparcialidade na elaboração do texto. Por se tratar de um conteúdo destinado a informar, é essencial que este seja objetivo e claro com relação aos fatos apresentados.

Questões para revisão

1. No que se refere à realização de entrevistas, Bistane e Bacellar (2006, p. 16-17) registram: "Por estarem presos ao que prepararam, muitos repórteres não escutam coisas mais importantes que o entrevistado pode falar". O trecho citado refere-se à habilidade da escuta, apontada como essencial para a realização de boas entrevistas. Explique com suas palavras por que isso é importante, destacando ainda a relação entre o ato de entrevistar e o bom jornalismo.

2. A cabeça da reportagem (ou de outros materiais jornalísticos) deve sempre ser sugerida pelo repórter que fechou o texto, embora possa ser alterada pelos editores e/ou apresentadores. Sabendo que não devem ser repetidas, na introdução à reportagem, informações que serão abordadas no VT, apresente, pelo menos, duas justificativas para a afirmação que abre esse enunciado.

3. Considerando que, em telejornalismo, a passagem é o momento em que o repórter aparece no vídeo durante uma reportagem, indique se as afirmativas a seguir são verdadeiras (V) ou falsas (F):
   ( ) Deve ser, preferencialmente, gravada no local da reportagem, salvo algumas exceções.
   ( ) Não deve ser planejada pelo repórter, pois precisa alcançar o máximo de naturalidade possível.
   ( ) Não deve ser gravada mais de uma vez, justamente pela busca da espontaneidade como resultado.
   ( ) Nunca deve ser gravada com entrevistados, pois a passagem é o momento de assinatura repórter.
   ( ) Uma de suas funções é compensar a falta de imagens para relatar determinados aspectos da notícia.

   Agora, assinale a alternativa que indica a sequência correta:
   a) V, F, V, V, V.
   b) V, F, F, V, V.
   c) V, F, F, F, V.
   d) V, V, F, V, V.
   e) F, F, F, V, V.

4. Assinale a alternativa que relaciona somente itens que devem estar presentes no cabeçalho de um relatório de reportagem:
   a) *Off*, passagem, sonora e nota coberta.
   b) Retranca, repórter e cinegrafista.
   c) Retranca, entrevistado, marcações e data.
   d) *Off*, sonora, deixa inicial e deixa final.
   e) Retranca, nome da equipe, data e indicação de *off*.

5. Indique se as afirmativas a seguir são verdadeiras (V) ou falsas (F):

( ) O *teaser* é uma reportagem mais curta, gravada pelo repórter para garantir que o material não vai estourar o tempo.

( ) Frases curtas são a melhor estratégia para a plena compreensão pelo telespectador, pois facilitam seu raciocínio. Frases longas dificultam não somente a compreensão, mas também a narração do repórter.

( ) A passagem tem diferentes funções, entre elas, mudança de tema ou local, assinatura do repórter, comprovação de que a equipe esteve no local e transmissão de informações ou dados que não podem ser mostrados em imagens.

( ) A pauta deve guiar o repórter e otimizar seu tempo na rua. O pauteiro precisa levantar todos os dados possíveis sobre o tema diretamente com as fontes. Assim, terá de fazer diversas pré-entrevistas e verificações para construir uma pauta sólida.

Agora, assinale a alternativa que indica a sequência correta:

a) V, F, F, F.
b) F, V, F, V.
c) F, V, F, F.
d) F, V, V, V.
e) V, V, V, V.

Questão para reflexão

1. Imagine que você está fechando o telejornal, que vai ao ar em poucos minutos, e percebe que um dos principais entrevistados não foi encontrado pela equipe de reportagem para gravar uma sonora sobre o escândalo político, a principal notícia da edição. O entrevistado está com o telefone celular desligado e não está em casa. Se não há como a equipe retornar à rua em tempo hábil, qual é a melhor alternativa para manter a previsão do VT no espelho, sendo honesto e responsável em relação aos telespectadores? Não se esqueça dos elementos textuais utilizados nos telejornais para além das reportagens e da necessidade ética de contemplar as manifestações de todos os envolvidos. Justifique sua decisão.

Capítulo
05

Edição e apresentação

Dirk Lopes | Silvia Valim

Conteúdos do capítulo:

- Processo de edição.
- Cuidados na fusão entre texto e imagens.
- Edição de texto e redação final.
- Escalada e definição do espelho.
- Imprevistos do dia a dia em TV.

Após o estudo deste capítulo, você será capaz de:

1. compreender as atribuições dos editores e a importância do processo de edição;
2. conhecer como funciona a redação final em um telejornal;
3. entender como o texto funciona no contexto da apresentação em TV.

A edição é o processo no qual texto e imagem se fundem para produzir sentido. Essa etapa ainda contempla as questões práticas que estão implicadas na hora de colocar um telejornal no ar. Entre o trabalho do repórter na rua e a atuação do apresentador existe um mundo de atividades – a maioria delas praticamente desconhecida para boa parte dos estudantes de Jornalismo e mesmo dos telespectadores.

Na reta final da produção telejornalística, o destaque fica para a edição e os processos vinculados à redação final. Como tudo é muito dinâmico em uma redação televisiva e as etapas se repetem ao longo de cada dia, existe uma rotina bem definida. Vamos tratar mais detalhadamente desse universo neste capítulo.

5.1
Edição: reta final da produção

Quando uma reportagem está pronta para ser editada, entram em cena o editor de texto e o editor de imagem. É na edição que acontece o "casamento" efetivo entre o texto escrito pelo repórter e as imagens gravadas pelo cinegrafista. Vera Íris Paternostro (1987, p. 81-82) explica que "é através da edição que uma reportagem ganha o formato final para ir ao ar".

É também nessa fase do processo de produção da notícia em TV que aparecem as falhas que possam ter ocorrido nas etapas anteriores. Se o pauteiro deixou de agendar uma entrevista, se o repórter escreveu a respeito de um detalhe sobre o qual não existe uma imagem correspondente ou se o editor de texto deixou de notar algum erro ou incoerência no texto do jornalista, todos esses problemas se tornam evidentes aqui. Se não for possível solucioná-los, não tem jeito: a equipe vai precisar retomar as gravações ou, no mínimo, o repórter vai precisar de alguma informação adicional para alterar o texto.

De volta à redação, se o material estiver em condições de ser montado, é pelas mãos do editor de imagem que a narrativa será organizada em forma de reportagem. A partir disso, o texto não estará mais avulso, ou seja, separado das imagens. Os dois se tornarão uma coisa só e, juntos, terão de fazer sentido para o público.

Como há muito dinamismo no coração de um telejornal, geralmente, o material que está sendo finalizado pelo editor de imagem é aguardado com muita ansiedade pelo editor-chefe e pelo apresentador. E, embora estejamos explicando sobre como cada etapa funciona separadamente, no cotidiano de uma televisão, os acontecimentos vão ocorrendo ao mesmo tempo: Faltou imagem para a edição? O pauteiro corre fazer o agendamento enquanto a equipe de reportagem se prepara para voltar à rua.

Não se pode perder tempo quando se trabalha com jornalismo em televisão. Além de a produção ser extremamente cara – por exigir profissionais com certo grau de qualificação e o emprego de tecnologia de ponta –, o ritmo de trabalho é intenso e a pressão é maior ainda. Então, nunca é desejável que o trabalho precise ser refeito. Isso deve ser evitado ao máximo.

Como já abordamos em outros capítulos, a pauta antecipa os assuntos que devem estar "em alta" no dia seguinte, garantindo que alguns materiais sejam produzidos com antecedência em relação à atualidade. Entretanto, não é raro o dia amanhecer com uma nova "notícia-bomba" que precisará estar no jornal do meio-dia, ou a informação mais importante do dia aparecer a poucos minutos de o programa começar, ou, mais desesperador ainda, o acontecimento mais relevante se dar enquanto o telejornal já está no ar.

Em todos esses casos, não tem remédio: a equipe de jornalismo vai ter de "correr atrás do prejuízo" e garantir a melhor maneira de cobrir o assunto no menor tempo possível. E o que isso tem a ver com a edição? Ela funciona quase que como um portão: define qual VT está ou não pronto para ir ao ar; é o fim da linha de montagem da produção jornalística em televisão.

Depois dela, o material finalizado segue para a exibição. Essa etapa está dividida em duas: a edição de texto e a edição de imagens, na qual se somam os esforços dos dois profissionais envolvidos.

5.2
Quando texto e imagem se fundem

A edição é o processo de cortar sequências de imagens de vídeo ou de cinema e obter uma montagem segundo um roteiro preestabelecido ou, no mínimo, pensado. Nenhum trabalho em vídeo consegue cativar e prender a atenção do público se não tiver, pelo menos, o esboço em forma de projeto.

Editar, mais do que criar, exige uma estrutura narrativa. Na edição, as imagens podem ser estáticas (como no caso de ilustrações, gráficos e fotos), mas o normal é que estejam em movimento. Iluska Coutinho e Christina Ferraz Musse (2009, p. 32) definem o processo de edição da seguinte forma:

> A edição é compreendida como o processo de construção de uma narrativa audiovisual a partir da fase de montagem, de onde a notícia toma forma de um produto jornalístico. Isso implica escolhas, como se diz no jargão jornalístico, em cortes e emendas, em uma narrativa fragmentada, em que os editores operaram, a partir da manipulação e da exploração das imagens, estabelecendo uma narrativa que apresenta uma unidade para manter a atenção da audiência interativa do começo ao fim da reportagem.

Ainda segundo Coutinho e Musse (2009, p. 33), apesar de os planos visuais e sonoros determinarem a ênfase da narrativa, sua unidade vai depender do texto, ou seja, do *off* narrado pelo repórter.

Luciana Bistane e Luciane Bacellar (2006, p. 23) preferem comparar a construção de uma matéria à montagem de um quebra-cabeça:

Algumas peças se encaixam melhor na passagem do repórter, outras, nos trechos selecionados das entrevistas, e as restantes compõem o *off*, que será coberto por imagens. O segredo é saber o que merece ir para a passagem, o que vai ficar mais forte na fala do entrevistado e como encadear tudo isso no texto. É preciso, inclusive, abrir uma "deixa" para introduzir a "sonora" (entrevista gravada).

É durante esse processo de montagem das imagens que também são inseridos efeitos especiais, trilhas sonoras, letreiros e, eventualmente, legendas. A edição de imagens pode ser considerada um processo artístico. Sob esse aspecto, podemos afirmar que a edição consiste em decidir quais imagens serão mantidas e quais serão eliminadas, para que resulte numa obra visualmente estética, bela e agradável.

Ainda assim, o que prevalece é o aspecto técnico do processo, pois se trata de uma coleção de material de vídeo (sequências), compilada e alterada a partir de seu formato original. O objetivo, ao selecionar, cortar e reorganizar o material, é buscar uma versão para o que foi gravado que seja, funcionalmente, compreensível e, no contexto do telejornalismo, o mais ética e verossímil possível.

Para Heródoto Barbeiro e Paulo Rodolfo de Lima (2003, p. 78), "o editor é o filtro do produto jornalístico". Isso quer dizer que, nessa função, é necessário ter responsabilidade decisiva sobre o que vai ser levado ao ar: "O editor corrige os erros detectados e avalia o tempo da reportagem considerando a qualidade e a importância do assunto. O editor pode vetar o uso da matéria se ela não for de interesse do público-alvo da emissora ou se os fatos não estiverem bem apurados".

Está claro que o editor tem um papel fundamental no conteúdo de um telejornal. É ele que tem carta branca para definir o que entra e o que sai. Atualmente, os editores trabalham com um sistema de edição não linear digital: "o projeto de edição e seus componentes, as imagens, os planos, os movimentos de câmera, os sons, podem ser tratados em qualquer ordem e também reordenados facilmente..." (Coutinho; Musse, 2009, p. 34).

Coutinho e Musse (2009, p. 34) observam ainda que, com a edição digital, é possível ter uma "visão global e detalhada" da matéria (geralmente editada por meio de dois monitores), o que antes era impossível. Outro ponto positivo das novas tecnologias é a possibilidade de integrar à reportagem materiais de diferentes formatos – a exemplo de vídeos enviados pelos telespectadores.

∴ Edição de texto

Assim que o repórter tem seu texto aprovado, o relatório de reportagem é deixado aos cuidados do editor de texto, profissional que raramente aparece na tela da TV[1] e que é responsável por acompanhar

---

1   Essa condição vem mudando aos poucos. Atualmente, já existem algumas emissoras que vêm investindo em formas de "abrir as portas da casa" e mostrar quem "coloca a mão na massa" nos bastidores. Em alguns casos, os editores até chegam a ser aproveitados como apresentadores de quadros secundários ou, ainda, em participações especiais dentro dos programas jornalísticos de televisão.

o trabalho do editor de imagem dentro da ilha de edição. Como já explicamos, em uma redação de TV, a edição de imagem e a edição de texto são etapas que transcorrem de forma paralela e a todo momento.

Antes de montar o material, no entanto, o editor de texto analisa uma ou mais vezes o texto que acaba de ser produzido e, se faltar alguma informação ou atualização de dados, quase sempre é ele mesmo quem fica responsável por fazer os devidos encaminhamentos.

Se o editor de texto está trabalhando no fechamento de um VT sobre uma sessão de julgamento envolvendo um crime que gerou grande comoção na audiência, é importante que se preocupe em transmitir a informação mais atualizada possível sobre o caso.

Vamos supor que a reportagem que está sendo editada vá ser divulgada na edição do telejornal da noite e que o VT tenha sido fechado no meio da tarde; então, será preciso saber em que fase o julgamento estará quando o jornal entrar no ar. Em alguns casos, algo muito relevante pode ter acontecido nesse intervalo de tempo, exigindo a atualização do material ou a adoção de nova estratégia de cobertura, como a utilização de um *link*.

Além de manter essa preocupação constante com a atualização dos conteúdos, alinhado ao editor-chefe, o editor de texto observa a coerência do material redigido, bem como o respeito às normas da língua portuguesa. Apesar da recomendação para que as notícias sejam transmitidas de maneira coloquial e intimista, no jornalismo profissional não há lugar para incorreções grotescas no que se refere ao trabalho do repórter.

Como quase sempre quem trabalha na edição de texto são jornalistas experientes e com bastante habilidade na leitura do texto para além dos caracteres, ou seja, com capacidade de entender quais sentidos a mensagem transmitida será capaz de produzir, não é raro esses profissionais atuarem como "professores" dentro da redação, sempre chamando a atenção dos repórteres (especialmente dos novatos) para novas formas de dispor as sonoras gravadas e de organizar a própria produção textual.

Alguns textos se transformam completamente depois de serem submetidos ao crivo do editor de texto. Como os processos são dinâmicos e existe muita pressão no cotidiano televisivo, quem trabalha na edição de texto funciona quase que como um "cão de guarda" na defesa dos princípios adotados pela emissora e em relação à prática do jornalismo.

De acordo com a autora Regina Villela (2008, p. 189), "editar significa definir, selecionar e dispor de forma ordenada o volume de informações visuais e sonoras produzidas pela reportagem". Em outras palavras, além de se preocupar com os elementos relacionados ao texto, o editor também vai acompanhar bem de perto o trabalho do editor de imagem, inclusive, ajudando-o no fechamento dos materiais.

Além disso, o editor de texto redige o texto para as notas de rodapé e as cabeças das matérias e insere os créditos da reportagem (frase e os nomes dos entrevistados, do repórter e do cinegrafista). Em algumas situações, pode emprestar a própria voz para a gravação de notas cobertas, mas existem empresas em que as cabeças precisam ser indicadas pelos próprios repórteres no ato do fechamento do texto.

Da mesma maneira que ocorre em relação à reportagem, a atuação do editor de texto mobiliza as competências necessárias para pensar a relação entre texto e imagem – preocupação que permeia toda a cadeia produtiva no âmbito do jornalismo de televisão.

:: Cuidados durante o processo de edição

- Um dos principais problemas na edição de imagens é, justamente, o excesso de edição nas matérias: o "picotamento" segmenta a narrativa de maneira exagerada, chegando a afetar a compreensão por parte do telespectador.
- Lembre-se de que o movimento de câmera é feito para mostrar o início, o meio e o fim do *take*.
- Evite usar imagens parecidas ou no mesmo plano.
- Evite o vai e vem dos *takes* de interior e exterior de ambientes. O mesmo deve ocorrer com imagens de dia e à noite. Procure dar uma continuidade à edição.
- Não use trechos de imagens extraídos de sonoras para cobrir o *off* do repórter. O ideal é contar com imagens de apoio em que, por exemplo, a pessoa apareça andando ou conversando informalmente.
- Não use o entrevistado "mastigando" antes de começar a falar.
- Não use muitos efeitos diferentes na mesma matéria, pois isso polui o VT.

Fonte: Elaborado por Dirk Lopes.

Para saber mais

HOMRICH, L. N. **Edição no telejornalismo**: a cobertura dos atentados em Santa Catarina. Florianópolis: Insular, 2018.

Esse livro, escrito por Lalo Nopes Homrich e publicado em 2018, é uma obra relevante para quem se interessa pelo processo de edição em telejornalismo, especialmente por abordar a questão pelo viés técnico.

∴ Hora do fechamento

No fechamento, muitas funções são exercidas quase que simultaneamente pelos profissionais que trabalham na redação: os editores de texto conferem os VTs e os *scripts*, os editores-chefes avaliam o conjunto do programa e orientam a equipe, os apresentadores promovem algumas alterações no espelho (em algumas emissoras, eles ainda são responsáveis pela elaboração das manchetes da escalada[2]) e os produtores ficam atentos a qualquer novidade que possa precisar entrar no espelho na última hora.

Bistane e Bacellar (2006, p. 25) explicam que a hora do fechamento, ou *deadline*, é um limite de tempo para fazer com que a

---

2   Escalada: conjunto de temas que são apresentados na abertura de um telejornal para chamar a atenção do público. Uma escalada é composta por várias manchetes, frases que sintetizam as principais matérias da edição. Podem incluir trechos de sonoras e/ou *teasers* – passagens gravadas pelos próprios repórteres chamando a audiência para acompanhar a exibição de determinada reportagem.

edição das matérias e a conclusão do jornal sejam "operações seguras". Isso porque é preciso trabalhar com o mínimo de previsibilidade em relação ao que vai ou não vai entrar no jornal.

Ainda sobre o *deadline*, Bistane e Bacellar (2006, p. 25) afirmam:

> Respeitar o *deadline* é finalizar a edição, pelo menos, quinze minutos antes do início do jornal. Isso inclui estar com a página pronta – com cabeça para chamar o VT, créditos, deixa e tempo. O editor-chefe ainda precisa aprová-la. Mas, como editor não faz milagre, o ideal é que o repórter também tenha um prazo para enviar o material gravado na rua. [...] O problema é que os fatos não respeitam o *deadline*. Podem acontecer nos horários mais impróprios.

Outra questão é que o telejornal não precisa sair fechado da redação para o estúdio:

> De uma forma geral é costume o jornal chegar ao estúdio fechado, como se nada de novo possa ser levado ao ar. Tal procedimento burocratiza e engessa o noticiário. É preciso flexibilidade mesmo com o jornal no ar, para que as últimas e importantes notícias sejam divulgadas, e determinadas matérias espelhadas sejam derrubadas porque perderam importância diante de outros acontecimentos. O tempo na televisão é rígido, por isso precisa ser bem administrado. (Barbeiro; Lima, 2005, p. 61-62)

Em jornalismo, como já ressaltamos, a qualidade da apuração dos fatos faz muita diferença. Apesar do limite imposto pelo tempo, a informação obtida de uma fonte precisa ser checada e rechecada, além de confrontada com outros dados. Um detalhe de uma reportagem que seja confirmado, mesmo com o jornal já em andamento, deve ser valorizado e pode, até mesmo, ser determinante para alterar todo o espelho de um programa.

Vamos supor que você fosse o editor-chefe de um telejornal e, entre as reportagens do dia, houvesse uma que mencionasse a suspeita de envolvimento de uma autoridade pública em um caso grave de desvio de dinheiro do erário. Entretanto, no meio do jornal, a equipe de produção consegue a confirmação de que houve o desvio de recursos públicos e que o rombo é três vezes maior do que se imaginava e afetou os cofres da saúde, por exemplo.

Se a informação é "quente" e está devidamente confirmada, tem de entrar no jornal que já está em andamento, nem que seja necessário alterar o espelho todo. Você pode perguntar: Por que essa confirmação não veio antes? Faltou empenho da equipe de produção? Na maioria das vezes, não. É preciso lembrar que os fatos se desenrolam dentro de dinâmicas próprias, acontecem em instâncias que não dominamos e, não raras vezes, envolvem decisões tomadas por pessoas cujas motivações desconhecemos. Portanto, embora seja possível antecipar algumas questões, muitas outras não poderão ser previstas e vão, sim, pegar os jornalistas de surpresa.

∴ Escalada

A escalada, ou o "cardápio" das notícias que serão apresentadas no telejornal, também deve ser fechada e editada (no caso de programas que costumam gravar os destaques antecipadamente) antes da hora do fechamento. Cada editor-chefe estipula o horário-limite para fazer essa definição, mas é importante que isso aconteça quando se pode saber, com segurança, quais materiais estarão prontos para ir ao ar durante o noticiário.

Observe, no texto a seguir, como foram distribuídos os destaques da edição de 5 de janeiro de 2019 do Jornal Nacional: o texto da escalada tem uma dinâmica própria, com uma forma de escrita que, quase sempre, cria o efeito de anunciar algo que parece estar acontecendo naquele exato momento – embora nem sempre isso seja verdade:

> Apresentador 1: Boa noite!
>
> Apresentador 2: Boa noite!
>
> Apresentador 1: Mais um dia de ataques no Ceará!
>
> Apresentador 2: Carros e ônibus são incendiados, alterando a rotina dos moradores
>
> Apresentador 1: A Força Nacional de Segurança já reforça o patrulhamento nas ruas
>
> Apresentador 2: A violência doméstica volta a fazer vítimas nas maiores cidades do país
>
> Apresentador 1: No Rio, uma mulher é morta na frente da filha de 11 meses: o companheiro é o principal suspeito

> Apresentador 2: Em São Paulo, um ex-policial tenta atropelar e agride a esposa num posto de combustíveis
> Apresentador 1: O parlamento da Venezuela não reconhece o novo mandato de Nicolás Maduro
> Apresentador 2: Os "coletes amarelos" voltam às ruas de Paris no primeiro protesto do ano
> Apresentador 1: E um alerta para quem não tira os olhos do celular!
> Apresentador 2: O Jornal Nacional está começando!

Fonte: Jornal Nacional, 2019.

Sobre as características da escalada, Luísa Abreu e Lima (2010, p. 58) destaca: "As notícias em escalada são, via de regra, a primeira unidade englobada que podemos identificar no espelho de qualquer telejornal. Sons, cortes rápidos e entonação vibrante fazem parte das estratégias discursivas utilizadas inicialmente para atrair a audiência".

Bistane e Bacellar (2006, p. 133) definem a escalada como o conjunto de manchetes – frases de destaque que sintetizam aspectos das notícias divulgadas, cujo objetivo é despertar o interesse do público – sobre os principais assuntos do dia e que são apresentadas na abertura do jornal.

Geralmente, a escalada é composta de frases curtas, que podem ou não ser cobertas com imagens. Algumas emissoras também trabalham com escaladas ao vivo, com a participação de um ou mais repórteres, o que confere muito dinamismo à abertura do telejornal, mas exige um grande entrosamento da equipe.

Figura 5.1 – *Frame* da escalada de um telejornal

Gorodenkoff/Shutterstock

Por funcionar como uma espécie de vitrine do telejornal, é bom evitar problemas e/ou falhas na escalada. Entre as principais dificuldades e/ou erros comuns em relação à apresentação das manchetes estão: falhas na edição; seleção de conteúdos que não entram no telejornal; a manchete "promete" para o telespectador algo que o telejornal não apresenta – geralmente, por falta de correspondência entre o tom usado na escalada e o viés conferido à notícia.

Para saber mais

JORNATUBE. **Escalada do SBT Brasil com novo pacote gráfico e sonoro em HD**. 29 abr. 2019. Disponível em: <https://www.youtube.com/watch?v=oNvwmIhQPxU>. Acesso em: 10 jan. 2021.

Para ilustrar o tema trabalhado neste tópico, assista ao vídeo que mostra a abertura e a escalada do jornal *SBT Brasil*, do SBT, do dia 29 de abril de 2019. No material, é possível perceber, além dos novos recursos gráficos do telejornal, a maneira como os apresentadores se intercalam para apresentar os destaques do telejornal.

∴ Espelho

O espelho é a previsão das matérias que vão ao ar. Quem elabora o espelho do telejornal é o editor-chefe, que escolhe as reportagens que serão exibidas, avalia o tempo adequado para cada uma, distribui as matérias para serem finalizadas pelos editores e responde pelos erros e acertos do noticiário.

No espelho de qualquer noticiário de televisão, deve-se posicionar a matéria mais importante ou mais impactante no início do telejornal, para prender o interesse do público. Se o jornal inicia com uma matéria sem apelo, o telespectador pode desistir de acompanhar o programa.

Bistane e Bacellar (2006, p. 37) observam que, à primeira vista, um espelho de telejornal pode parecer indecifrável, com palavras e abreviaturas soltas e distribuídas em colunas (o formato e os termos podem variar de acordo com a emissora):

> Apesar das diferenças, os espelhos incluem praticamente as mesmas informações e permitem planejar e visualizar o jornal que será exibido. Informam como a notícia será dada, se em nota seca ou em uma reportagem, se estão previstas entradas ao vivo etc.

Iniciais ou nomes dos apresentadores, âncoras ou comentaristas orientam a participação de cada um no jornal e, também, a movimentação das câmeras. Os nomes na última coluna indicam os responsáveis pela edição de cada matéria. Como é essencial controlar o tempo, todo espelho tem uma contagem rigorosa da duração de cada matéria, da leitura das cabeças e a soma total do que vai ao ar em cada bloco.

∴ Script

Com o avanço da tecnologia, durante a década de 1990, saíram de cena as máquinas de escrever das redações e entraram os terminais de computadores. A redação informatizada permite acesso a todos os jornalistas da redação e de sucursais. Independentemente do sistema adotado pelas emissoras, cada jornalista tem um grau de acesso para modificar ou apenas ler os *scripts*, as laudas e os espelhos dos telejornais.

Como já ressaltamos, repórteres escrevem o texto em relatórios que ficam guardados em "gavetas" do sistema. Essa lauda, mais tarde, será duplicada pelo editor para o espelho do telejornal. O editor faz a página com retranca, cabeça, créditos e outras informações que vão entrar no espelho.

Cada emissora adota um sistema (programa de computador) específico, mas, independentemente do tipo de *software*, todos apresentam as ferramentas necessárias para indicar quais *scripts* foram conferidos e aprovados para serem utilizados.

O próprio sistema calcula o tempo de leitura de cada texto enquanto ele vai sendo escrito. O editor-chefe pode alterar a ordem das matérias, subir ou descer laudas, acrescentar notas de última hora, puxar matérias de gaveta para exibição ou derrubar alguma reportagem prevista. As mudanças são processadas instantaneamente em todos os terminais e equipamentos interligados ao sistema.

> **Algumas abreviaturas das laudas de televisão**
>
> PAG: número da página
>
> NT: nota
>
> NC: nota coberta
>
> VT: videoteipe
>
> RETRANCA: nome da matéria
>
> LOC: locutor
>
> tCAB: tempo de cabeça da matéria
>
> tVT: tempo do VT
>
> tMAT: tempo da matéria (tempo da cabeça + tempo do VT)
>
> MODI: modificado (por algum editor)
>
> APV: aprovado (pelo editor-chefe)
>
> TEMPO: total
>
> OK: a página e a matéria estão prontas
>
> EDIT: nome do editor da matéria
>
> DATA: dia, mês, ano e horário
>
> OBS: detalhes do VT indicando o que será exibido
>
> GC: gerador de caracteres

Fonte: Elaborado por Dirk Lopes.

∴ **Outros elementos: chamadas e *breaking news***

As chamadas são textos sobre os assuntos de destaque do dia para despertar a atenção do telespectador, sendo transmitidas dentro da programação normal da emissora. Já o termo *breaking news* é originário do inglês e significa "notícias de última hora".

A expressão faz referência às notícias breves, transmitidas na televisão ou no rádio, que interrompem a programação normal. Geralmente, estão relacionadas a acontecimentos de extrema relevância e imprevistos que não podem esperar até o horário normal dos noticiários. Muitas vezes, essas informações são transmitidas com a cobertura ao vivo, diretamente do local onde aconteceu o fato que gerou a notícia.

:: **Chamadas de bloco**

As chamadas de bloco são transmitidas ao final de cada parte do telejornal e devem ser curtas, objetivas e criativas para que o telespectador não mude de canal e continue interessado em ver o restante do telejornal. Suspense pode valer, mas na medida certa. O ideal é "chamar" o assunto sem entregar todo o conteúdo da informação que será divulgada no próximo bloco, conforme podemos ver nestes exemplos:

> *Confira a seguir: pesquisadores estão mais perto da cura contra o câncer*
>
> *Depois do intervalo: PCC volta a praticar atos de terrorismo pelo país*

Esse recurso é necessário em virtude da organização do telejornal em blocos, como indica Ana Carolina Pessôa Temer (2014, p. 200): "Outro elemento estrutural nos telejornais é a disposição em blocos demarcados, menores e mais ágil no início e no final do telejornal, com chamadas internas que remetem para os blocos posteriores ou finais".

Figura 5.2 – Recursos gráficos usados na chamada de bloco

Mgpremier/Shutterstock

:: **GC e outros *letterings***

O gerador de caracteres, normalmente chamado somente de *GC*, é o equipamento usado para inserir títulos, créditos, legendas, números e informações sobre a imagem de uma edição. Alguns geradores de caracteres produzem efeitos digitais sobre a imagem exibida.

Quem desenvolve essa atividade é o operador de GC, entretanto ele trabalha com base em informações previamente inseridas nas páginas das matérias. Assim, a correta aplicação desses dados vai depender, inicialmente, do trabalho de coleta feito pelas equipes de reportagem e que também será revisado durante o processo de edição.

Todavia, é função do editor conferir e revisar os nomes do repórter, do cinegrafista e de todos os entrevistados, além das informações gráficas de todas as reportagens. Os créditos devem ser anotados nas laudas pelo editor para que o operador de GC prepare tudo antes da exibição do jornal.

5.3
A apresentação e os imprevistos no telejornal

A apresentação do telejornal é o momento em que o conteúdo produzido pela equipe de jornalistas é, efetivamente, colocado à disposição do público. O ato de apresentar funciona como um elo entre as etapas de fechamento editorial e de transmissão, mas, mais do que isso, representa a possibilidade de estabelecer uma relação de confiança com a audiência.

O bom desempenho do apresentador ou apresentadora do telejornal depende de um conjunto de fatores relacionados à qualidade das reportagens, à perspicácia dos pauteiros na checagem e à produção de conteúdo, entre outros. Porém, o que fundamenta a apresentação de um telejornal é o texto do roteiro que será rodado no *teleprompter* para orientar a condução do programa.

Como já abordamos, o roteiro completo do telejornal é formado pelas cabeças (textos introdutórios) das reportagens, pelas notas, pelas participações ao vivo, entre outros formatos dos materiais que irão ao ar. O responsável por fechar esse texto de abertura dos materiais é o editor de texto, que pode ou não ter recebido alguma sugestão deixada pelo repórter.

Além de escreverem as cabeças dos materiais que serão exibidos no programa telejornalístico, conforme mencionamos anteriormente, os editores de texto redigem os "pés" das reportagens, que são informações complementares que não couberam no VT ou que precisam ser reforçadas, e as notas, cobertas ou não (as quais são, inclusive, gravadas por eles), que integrarão o telejornal (Barbeiro; Lima, 2005, p. 102-103).

Todo esse material, como já destacamos, é avaliado e alterado pelo editor-chefe do jornal, que ainda terá a preocupação de relacionar os assuntos que compõem o espelho (grade que prevê o que será exibido durante o telejornal). Isso porque as notícias precisam estar, de alguma maneira, interligadas, de modo que o roteiro não perca a coerência. Por exemplo, não se pode começar o programa com uma matéria amena, sobre um assunto mais corriqueiro, e deixar para o último bloco a notícia mais importante do dia.

O ato de redigir a cabeça de um VT não é tão simples quanto podemos imaginar, visto que, como se sabe, o texto introdutório nunca deve repetir as informações que abrem a reportagem. O ideal é que ele seja relativamente curto (no máximo, duas ou três frases), pois, como o apresentador lerá os textos no *teleprompter*, estes não devem ser muito longos. Isso pode contribuir para a perda de naturalidade e dinamismo pelo apresentador.

As palavras que introduzem um VT devem atrair o público para que assista à reportagem, como explica Ivor Yorke (1998). O autor reforça: "Dê a elas (cabeças) a mesma atenção que ao resto do trabalho. [...] As introduções devem ter um caráter complementar, sem a inclusão de fatos e frases imediatamente repetidos no primeiro parágrafo da reportagem" (Yorke, 1998, p. 116).

O ideal é que, depois da redação das cabeças e pés das matérias, o apresentador (que nem sempre é também o editor-chefe) releia o roteiro do programa e faça sugestões de alteração, pois é mais complicado ler (no ar) o texto escrito por outra pessoa, conforme aponta Yorke (1998, p. 136).

Sobre o apresentador, afirma Yorke (1998, p. 136):

> no mínimo, você terá a oportunidade de ver cada *script* antes de ser finalizado, de modo que possa injetar nele algum estilo pessoal. O truque é encorajar os outros a escrever no "seu" estilo desde o começo ou, se isso não for possível, fazer alterações de um jeito que mantenha a precisão e permita ao redator original conservar o orgulho profissional.

Fora esses cuidados para preservar a "naturalidade" e a espontaneidade do apresentador, quando a bancada do telejornal é compartilhada por mais de um profissional, é preciso prever no roteiro as interações entre os âncoras. Nesse caso, é possível estabelecer diálogos entre os profissionais, a fim de que o texto não pareça ter sido "ensaiado" e adquira o caráter de uma conversa, que, é bom lembrar, também terá de incluir o público.

Como já destacamos, cada emissora de televisão mantém uma linha editorial e um estilo próprio de estabelecer o contato com o público. Isso fica muito evidente no texto do apresentador de um telejornal. Se a empresa trabalha com programas exclusivamente jornalísticos, a linguagem utilizada é mais séria, o roteiro do jornal não terá espaço para ironias e o tempo do telejornal será todo dedicado às notícias, sem qualquer espaço dedicado à publicidade, por exemplo.

Por sua vez, nas empresas que trabalham com jornalismo e entretenimento, o tratamento é um pouco diferente. Isso não quer dizer que os parâmetros éticos e técnicos sejam deixados de lado. Jamais! Ou, pelo menos, não é assim que deve ser. Não se pode colocar a credibilidade da emissora em risco. Trabalhar com a diversificação de conteúdos também não equivale a dizer que o programa terá palhaços saltando de paraquedas no estúdio. Não é nada disso ou, ao menos, não deveria ser.

Para saber mais

TV ATALAIA. **Conheça os bastidores da TV Atalaia!** – Você em Dia. 11 ago. 2016. Disponível em: <https://youtu.be/Yq2dePNEEb8>. Acesso em: 10 jan. 2021.

Nesse vídeo, publicado pela Rede Record, é possível conferir os bastidores do programa *Você em Dia*, da TV Atalaia, afiliada da emissora nas regiões Norte e Nordeste. O material é interessante para observar a organização do *switcher*, bem como o número de profissionais envolvidos na transmissão.

BASTIDORES do Meio Dia Paraná (Ponta Grossa). 2 nov. 2018. Disponível em: <https://youtu.be/KeTAyx6cFc4>. Acesso em: 10 jan. 2021.

Por meio desse material, é possível acessar o vídeo que mostra o *switcher* da RPC Ponta Grossa, afiliada da Rede Globo de Televisão no Paraná, durante a exibição do telejornal *Meio Dia Paraná*.

∴ Informação *versus* entretenimento

Fazer jornalismo associado ao entretenimento significa alternar o roteiro com *hard news* (notícias "quentes" e que têm bastante interesse público) e *soft news* (notícias "leves", que incluem curiosidades e variedades). Em algumas emissoras, existe ainda a prática de exibir produtos de anunciantes durante o programa. E tudo isso tem de ser previsto no espelho e organizado pelo editor-chefe.

Nem todo estudante de Jornalismo entrará no mercado trabalhando em programas que tratam unicamente de notícias. Alguns encontrarão emprego, justamente, em empresas cujos programas têm um formato mais aberto. Mas isso não é motivo para desânimo, muito pelo contrário. Emissoras que mesclam jornalismo e entretenimento também dedicam um bom espaço às notícias e, por vezes, protagonizam a produção de reportagens tão boas quanto as divulgadas em programas exclusivamente jornalísticos.

Cabe a cada profissional conhecer a linha editorial da emissora em que vai trabalhar e entender os limites de atuação. Lembramos também que o bom jornalista, sempre que possível, deve ser capaz de questionar esses "limites" e argumentar em favor de suas próprias ideias, desde que essa iniciativa se converta em boas contribuições. Afinal, toda inovação é bem-vinda.

∴ Movimentação no estúdio

Além das questões já citadas, outro aspecto que interfere no texto que será disposto no TP para o apresentador são os direcionamentos sobre a movimentação no estúdio. Recentemente e seguindo tendências que vêm sendo adotadas em outros locais do mundo, os jornais deixaram de ser apresentados em uma bancada fixa, com os jornalistas (ou somente apresentadores, pois alguns não são graduados em Jornalismo) sentados o tempo todo, lado a lado.

Os cenários dos telejornais vêm se tornando mais amplos e, graças às novas tecnologias, ganharam monitores de plasma com os quais os apresentadores conseguem exibir telas e infográficos com o toque dos dedos (*touchscreen*). Isso exige que o editor-chefe (em algumas emissoras também existe a figura do editor adjunto) planeje a utilização dessas dinâmicas.

A movimentação do apresentador (ou dos apresentadores) deve ser discutida previamente, sempre que possível, com esses profissionais. No entanto, como ninguém se lembra de tudo o tempo todo, as indicações de posicionamento no estúdio também devem ser incluídas no texto do TP. Por exemplo:

> AP2 – PLASMA TEMPO: VAMOS À PREVISÃO DO TEMPO!

Isso significa que o apresentador 2 (em alguns casos, pode-se usar o nome do profissional) deve se dirigir aos monitores usados para mostrar a previsão do tempo e repetir o texto que aparece após os dois-pontos.

Essas indicações são importantes para que os apresentadores não fiquem perdidos no estúdio, além de darem suporte ao trabalho da equipe de operações que fica no *switcher*. Na sala de transmissão, todos seguem o mesmo roteiro, exibido em um grande monitor, visível para toda a equipe. Assim, retomando o exemplo da previsão do tempo citado anteriormente, o diretor de operações sabe, antecipadamente, que terá de direcionar um dos câmeras (ou um equipamento específico, como uma grua[3]) para aquele espaço do estúdio. Como já explicamos antes, cada movimento dentro do estúdio é minuciosamente programado e as indicações precisam estar visíveis para todos que integram a equipe.

∴ Enfim, o texto no TP

Depois que as dinâmicas do telejornal são definidas, o editor-chefe precisa cuidar para que todas as indicações sejam devidamente registradas no espelho do programa. Em algumas emissoras, os *softwares* utilizados permitem que o texto dos *scripts* seja transmitido automaticamente para o TP. Em outras, essa atividade é manual, transferindo-se os arquivos de um computador para outro por meio de um *pen drive*.

O texto rodado no *teleprompter* deve estar em caixa-alta, ou seja, somente com letras maiúsculas, e a pontuação, geralmente, é

---

3   Grua ou câmera em grua: consiste em um sistema em que uma câmera de televisão é instalada em uma extremidade de uma espécie de guindaste, quase como uma gangorra. Esse sistema permite o registro de imagens diferenciadas, com aproximação em profundidade.

representada por meio de barras, da seguinte forma: / – pausa leve; // – vírgula; e ////// – ponto-final.

No TP, o que está antes dos dois-pontos indica a pessoa que vai falar e a câmera para a qual ela deve olhar, como em: "CAM2 ANA:". O que está depois dos dois-pontos indica o que o apresentador deve falar, como em: "CAM1 JORGE: BOA NOITE/ ESTAMOS COMEÇANDO MAIS UMA EDIÇÃO...". Mas cada profissional também pode adaptar um padrão próprio para essa escrita.

Se o roteiro incluir alguma palavra ou nome com pronúncia específica e o apresentador não souber como falar corretamente, é preciso escrever a palavra no TP exatamente como se fala[4]. Vejamos um exemplo: "HOJE O GOVERNADOR JAQUES ROUZEMEN" (em vez de escrever Jacques Holzmann). Tudo para facilitar a leitura pelo apresentador e evitar erros no ar. É muito feio, para ser sutil, errar a grafia ou a pronúncia do nome de qualquer pessoa. Pior ainda se o nome for de alguma autoridade pública.

No TP, o texto aparece sempre centralizado nos monitores instalados em frente às câmeras do estúdio. Assim, o apresentador parece estar olhando diretamente para os telespectadores enquanto lê as cabeças. Por isso, o texto não deve ser longo, pois o âncora poderá ficar parecendo um robô no vídeo (Barbeiro; Lima, 2005). Caso seja necessário um texto mais extenso, é preciso programar uma troca de câmeras no meio da leitura, que deve ser planejada previamente.

Também devem ser incluídos no TP os textos da escalada (notícias em destaque divulgadas em forma de manchetes na abertura

---

4   Sobre termos e palavras estrangeiras, veja novamente o Capítulo 2 deste livro.

do programa) e das saídas ou passagens de bloco, quando o programa é interrompido para o intervalo comercial e há a necessidade de enfatizar algum assunto que será abordado no próximo bloco.

Em resumo, o texto para o TP é composto, essencialmente, de cabeça e nota-pé, além da escalada, que, usualmente, é gravada antecipadamente para facilitar o processo de edição de imagens. Um texto para TP pode ser criado em bloco de notas ou em um aplicativo de texto.

Diferentemente da configuração estética de artigos, como os de jornais e revistas, o texto para TP recebe uma formatação menos elegante. Não há espaçamento entre linhas e parágrafos, pois o espaço para leitura é pequeno e as fontes são em tamanhos garrafais, dependendo sempre do apresentador. O texto deve estar centralizado para focar o olhar do leitor num ponto estratégico em que a leitura de todo o entorno seja possível.

A seguir, mostramos um exemplo de texto para TP utilizado em um telejornal laboratório de estudantes de Jornalismo no Paraná. O texto inicia na escalada e segue na abertura e, posteriormente, nas duas primeiras cabeças do telejornal:

\\\ESCALADA///
(CAM 1) A CADA DEZ PESSOAS ASSASSINADAS NO BRASIL, SETE SÃO NEGRAS./ AS LEIS DE IGUALDADE SÃO INSUFICIENTES PARA MUDAR O QUADRO A CURTO PRAZO.// (CAM 2) ABRIGO PÚBLICO E PROJETOS SOCIAIS MELHORAM AS CONDIÇÕES DE VIDA E DÃO OPORTUNIDADE A PESSOAS EM SITUAÇÃO DE RUA EM CURITIBA.// (CAM 1) PROJETO DE LEI EM DISCUSSÃO NA ASSEMBLEIA LEGISLATIVA PREVÊ LIBERAÇÃO DE CONSUMO DE

> BEBIDAS ALCOÓLICAS NOS ESTÁDIOS PARANAENSES.// (CAM 2) FALTA DE CUIDADO DA POPULAÇÃO PROVOCA PREJUÍZOS NA RECICLAGEM DE LIXO.// (CAM 1) NO PARANÁ, UM APLICATIVO COMPARA PREÇOS PARA O CONSUMIDOR ESCOLHER ONDE PAGAR MENOS.// (CAM 2) REFÚGIO DE IMIGRANTES ITALIANOS DURANTE A SEGUNDA GUERRA, GRUTAS DE COLOMBO ATRAEM TURISTAS À REGIÃO METROPOLITANA DE CURITIBA.// (CAM 1) AGORA, NO TEJU./// \\\\PLANO GERAL//// (CAM 3) ESTE É O TELEJORNAL LABORATÓRIO DO CURSO DE JORNALISMO./ ACESSE NOSSA PÁGINA NO FACEBOOK E FALE CONOSCO/// (CAM 1) RETIRADO DO REGIME DE URGÊNCIA NA ASSEMBLEIA LEGISLATIVA, / A LEGALIZAÇÃO DAS BEBIDAS NOS ESTÁDIOS CAUSA POLÊMICA. // (CAM 2) NOSSA EQUIPE DE REPORTAGEM FOI APURAR AS OPINIÕES DOS ENVOLVIDOS NO ASSUNTO. // \\\\RODA VT////

Fonte: Elaborado por Silvia Valim.

:: Adaptação de notas para o TP

Outra preocupação do editor de texto e do editor-chefe de um telejornal se refere à adaptação de textos de notas-retorno e de notas oficiais dentro do programa telejornalístico. Nota-retorno, como já comentamos, é a informação fornecida por uma fonte (órgão público e/ou instituição), citada em uma reportagem e/ou transmissão ao vivo, que não quis ou não pôde ser entrevistada. Como o próprio nome sugere, é o retorno da fonte às tentativas de contato feitas pelos jornalistas.

Já as notas oficiais são emitidas por empresas, personalidades e/ou outras organizações quando estas não desejam conceder entrevistas sobre determinados assuntos e decidem se manifestar apenas uma vez sobre um tema. Podem ser publicadas somente em um *site* ou perfil nas redes sociais ou ser remetidas à imprensa por meio de assessores ou diretamente pela fonte.

No caso das notas-retorno enviadas à redação, nem sempre o texto vem no formato mais adequado para a televisão. Por exemplo, imagine que você trabalha no setor de pauta de uma emissora e, ao questionar a Secretaria de Agricultura sobre um problema ambiental, recebe o seguinte retorno:

> A Secretaria Municipal de Agricultura informa que, tão logo teve conhecimento sobre o abandono de carcaças de animais de grande porte no leito do Rio da Mata, noticiado por esse meio de comunicação, adotou as medidas cabíveis. Todo o material foi devidamente extraído da água e o caso foi levado às autoridades de segurança pública para que seja investigado e os responsáveis possam ser punidos na forma da lei.

A informação desse exemplo poderia ser resumida assim:

> A Secretaria Municipal de Agricultura informa que já retirou as carcaças de boi do Rio da Mata e pediu à polícia que investigue o caso.

O texto é mais simples e quer dizer a mesma coisa. As informações foram preservadas, bem como o sentido do que constava na nota, adaptando-se os dados para a linguagem coloquial que deve ser sempre priorizada no jornalismo de TV.

No caso das notas oficiais, há uma pequena diferença. Como esses textos são emitidos em casos específicos, quando as organizações e/ou personalidades não querem conceder entrevistas à imprensa, não existe a obrigação da imprensa em divulgar o documento na íntegra. A divulgação completa de uma nota oficial na programação de uma rede de televisão deve ser discutida e negociada com o setor comercial. Em outras palavras, a emissão da nota oficial não é garantia de que o conteúdo vá ser divulgado de maneira completa, até porque, geralmente, ele trata de posicionamento de determinada instituição e/ou empresa.

Se, nas etapas de apuração e de produção, a obtenção das notas-retorno é uma necessidade de ordem produtiva, quando o assunto é fechar o texto para o TP, a redação dessas notas precisa ser trabalhada no sentido de garantir a fidelidade às informações prestadas ao público.

Para saber mais

TELE BLOG NEWS. **Como funciona um teleprompter**. 9 abr. 2019.
  Disponível em: <https://youtu.be/TTV7gHrHXJc>. Acesso em: 11 jan. 2021.
Esse vídeo explica como se dá a utilização do *teleprompter* nos programas jornalísticos. O material é didático e bastante ilustrativo. Confira.

∴ A apresentação e o improviso

Durante a exibição de um telejornal, o apresentador conta com o *teleprompter* e o *talkback*, ou ponto eletrônico. Com eles, todo o roteiro programado para o jornal pode ser facilmente visualizado ou relembrado para o apresentador pelo editor-chefe do programa. Se, por acaso, o âncora se esquecer de algo que acabou de ler no TP, o editor abrirá a comunicação via ponto eletrônico nos equipamentos da mesa de corte (base onde ficam instalados os computadores e outros dispositivos relacionados à transmissão) e reforçará a orientação.

Tanto o *teleprompter* quanto o *talkback* são ferramentas de trabalho, e não salva-vidas (Barbeiro; Lima, 2005, p. 80). Se o TP sumir de repente, o apresentador terá de recorrer ao *script*, mantido sempre por perto, e passar a acompanhar a ordem do programa por meio dele para ter condições de manter o jornal no ar, seguindo a programação previamente estabelecida.

Barbeiro e Lima (2005, p. 80) enfatizam que o ponto eletrônico não é uma "muleta auricular":

> O uso deve ser tão restrito como a telefonia em aviação, ou seja, o mínimo possível com o máximo de informações. Há que se desenvolver um bom entrosamento entre o apresentador e o produtor (editor-chefe) que permanece no *switcher*, para um não atrapalhar o outro. Só as informações essenciais são comunicadas. Nada mais. Nem piadas, nem brincadeiras.

O que significa comunicar o que é essencial? Por exemplo, se o apresentador estiver lendo o texto do TP rápido demais, o editor-chefe poderá usar o ponto eletrônico para pedir que seja "mais lento". Se a reportagem que está no ar estiver terminando, poderá ajudar indicando isso rapidamente para o apresentador; assim, quando o VT acabar e o diretor de imagem colocar as câmeras do estúdio no ar, o apresentador já estará a postos e não parecerá "perdido".

Então, se nada der certo, o *teleprompter* e o *talkback* vão garantir a retaguarda? Não é bem assim. Como já destacamos, esses equipamentos são somente ferramentas de trabalho. A habilidade, o talento e o jogo de cintura são competências que um bom apresentador deve ter para poder colocá-las em prática a qualquer momento.

Além disso, nunca é demais lembrar que equipamentos eletrônicos – câmeras, TPs, pontos, microfones e computadores – estão sujeitos a falhas. E, para desespero de todo mundo que trabalha em uma sala de transmissão, existem dias em que todos os problemas podem ocorrer ao mesmo tempo, apesar de as emissoras contarem com técnicos responsáveis por monitorar o funcionamento dos aparelhos diariamente.

Yorke (1998, p. 164-166) enumera alguns problemas que podem ocorrer em um programa ao vivo no ar: queda no sistema de computadores; câmeras com defeito; falhas nas luzes; queda nas conexões via satélite; entrevistas que entram sem som no meio dos VTs; interrupção no funcionamento do TP; e erros de digitação.

O autor (1998, p. 164-166) ressalta que nem mesmo o apresentador mais experiente está livre de se deparar com uma sucessão de falhas em um programa de televisão ao vivo: "A única coisa a fazer quando acontece alguma catástrofe é manter a calma. Às vezes, um pedido de desculpas vem a calhar".

Quando há um imprevisto, é chegada a hora do improviso. Isso acontece nos bastidores – em que a audiência não tem condições de saber o que está acontecendo – e ao vivo também, durante a transmissão do programa jornalístico. Se o apresentador não tiver "jogo de cintura", certamente, não terá condições de permanecer à frente do telejornal.

Durante o programa, várias falhas (não somente de bastidores) também podem interferir na apresentação (Barbeiro; Lima, 2005, p. 79-82): o apresentador chama um repórter ao vivo e o *link* não entra no ar ou entra com o microfone desligado; o âncora chama um VT que não roda e/ou apresenta falhas de áudio ou de imagem; ou, ainda, em uma entrevista ao vivo, o convidado simplesmente trava e não consegue responder direito a nenhuma pergunta.

Todas essas situações são reais e têm sido enfrentadas por apresentadores de telejornais no mundo todo. Como a solução, quando um desses problema acontece, nunca estará no texto do TP, é necessário que o apresentador seja experiente e bem preparado para ter condições de contornar as falhas sem perder a credibilidade diante da audiência.

Quase sempre, o ideal é respirar fundo e passar para o próximo item do *script*. O apresentador tem de manter a calma para jamais entrar em pânico. Na pior das hipóteses, ele deve fazer algum comentário de improviso (sobre a última matéria ou sobre a que iria chamar) e aguardar a orientação dos editores-chefes. O apresentador nunca está sozinho e, sempre que algo dá errado, toda a equipe reage instantaneamente para dar suporte na correção dos rumos.

No livro *Teorias do rádio* (Meditsch, 2005), no capítulo "A linguagem radiofônica", Armand Balsebre escreve sobre alguns aspectos que também podem ser aplicados ao improviso no jornalismo de televisão: "A arte de improvisação verbal pode ser sistematizada em três regras: não falar do que não se conhece, não se afastar do tema e aprender a liberar-se fisicamente" (Balsebre, 2005, p. 330). Novamente, percebemos a importância da bagagem cultural no jornalismo de televisão, pois não há como improvisar sem ter uma boa base de conteúdo.

Para saber mais

ERRO Global (Zileide Silva) no Jornal Hoje!!! 7 jun. 2008. Disponível em: <https://youtu.be/qJSup4DAckk>. Acesso em: 11 jan. 2021. Nesse vídeo, é possível acompanhar uma série de problemas enfrentados pela jornalista e apresentadora Zileide Silva durante uma edição do *Jornal Hoje*, da Rede Globo de Televisão. Foram sucessivas falhas em uma mesma edição, tais como as que mencionamos ao longo deste capítulo.

∴ A função do editor-chefe na apresentação

Normalmente, a função de editor-chefe é desempenhada por profissionais de jornalismo mais experientes. A remuneração pela atividade é melhor, mas o grau de responsabilidade é proporcional.

Como explicam Barbeiro e Lima (2005, p. 60), "É ele quem escolhe as reportagens que vão ao ar e, em última análise, responde pelos erros e acertos do programa. O editor-chefe faz avaliação crítica da qualidade das matérias produzidas e debate o resultado com a pauta e a chefia de reportagem".

Como já vimos, o editor-chefe é o responsável direto pelo telejornal e, em algumas emissoras, dependendo da estrutura, é ele quem assume as obrigações da chefia de reportagem e também acumula a responsabilidade de orientar o trabalho das equipes que trabalham na rua.

Ainda de acordo com Barbeiro e Lima (2005, p. 61), o editor-chefe atua em defesa dos interesses do público na redação: "Ele tem o mandato para ordenar, classificar, escolher o que vai ser noticiado ou não. Daí a grande responsabilidade do editor no sucesso do telejornal".

Enquanto o telejornal está no ar, é o editor-chefe quem comanda qualquer alteração no espelho; quem altera as prioridades das equipes de rua dependendo das necessidades de última hora, como fazer uma transmissão ao vivo sobre um acidente grave e que esteja em andamento; quem coordena a equipe de operações no *switcher* em conjunto com o diretor de imagem; e, ainda, quem se responsabiliza por orientar e cobrar ações do apresentador, dentro e fora do estúdio. Assim, o editor-chefe precisa estar envolvido na cadeia de produção noticiosa do início ao fim. Suas principais preocupações são a correção de rumos, como no caso de pedir que o apresentador melhore a postura ou leia um texto mais rápido no TP, e a solução de eventuais falhas.

Soma-se a essas questões a necessidade de o editor-chefe estar acompanhando (com o programa no ar) o conteúdo exibido pelas emissoras concorrentes. Esse acompanhamento é possível porque, no *switcher*, geralmente, existem vários monitores de TV: alguns são para avaliação de *preview* do estúdio e para acompanhamento da própria transmissão, e pelo menos outros dois (em algumas emissoras são até mais) ficam sintonizados nos programas concorrentes. É o famoso "um olho no peixe e outro no gato". O desgaste é enorme, mas essa atividade não pode ser negligenciada e está dentro do rol de ações que ficam sob a responsabilidade do editor-chefe.

Fora do ar, é o "chefe" quem tem a incumbência de, em conjunto com o apresentador, discutir o que pode ser melhorado e o que deve ser evitado pelo âncora. Esse trabalho de acompanhamento precisa ser diário e o *feedback*[5] para as equipes de produção deve ser contínuo. Podemos afirmar que dessa boa relação de comunicação depende uma parte considerável do sucesso de um telejornal.

A interação com o público também deve ser planejada pelo editor-chefe. Com as novas tecnologias, essa função vem ganhando cada vez mais peso nas atividades cotidianas desse profissional. A cada dia, surgem novas possibilidades, especialmente com a popularização das redes sociais, o que também vem representando um grande desafio para quem precisa pensar as estratégias para manter o contato com o público.

---

5   *Feedback*: refere-se, no contexto, ao retorno de informações sobre as condições produtivas.

Logo, o editor-chefe deve, preferencialmente, ser um profissional já com certa maturidade emocional para ter condições de gerenciar todos os desafios que enfrenta em seu cotidiano, sem perder a estabilidade.

∴ A transmissão

A transmissão ao vivo, ao contrário daquela que somente veicula programas gravados previamente, requer "sangue frio", capacidade para tomada de decisão e liderança. Apesar de certa previsibilidade, indicada no espelho formatado antes de o telejornal ir ao ar, é comum que, ao longo do programa, sejam tomadas algumas decisões em termos de conteúdo: cortando-se temas mais leves e menos atuais, por exemplo, para garantir a veiculação de notícias "quentes" e de última hora.

As mudanças feitas ao longo do telejornal devem ser reforçadas, em voz alta, para os profissionais que trabalham dentro do *switcher* e, via ponto eletrônico, para os assistentes responsáveis por repassar a mensagem dentro do estúdio. Quando o telejornal não está no ar (durante o intervalo comercial, por exemplo), também é possível usar a "voz de Deus"[6]: um microfone que projeta a voz do diretor para todos que estão dentro do estúdio.

A cada vez que a transmissão do telejornal é retomada – após um intervalo comercial ou quando a exibição de uma reportagem está sendo encerrada –, o ideal é que o diretor use a "voz de Deus" para reforçar que a transmissão será retomada a partir do estúdio. Trata-se de um processo bastante complexo e que exige a atenção de todos os envolvidos.

Síntese

Quando uma reportagem chega à edição, ela, finalmente, pode ser "montada" para ir ao ar. É nessa etapa que se começa a ter ideia se as fases anteriores transcorreram adequadamente: se a pauta fez todos os agendamentos, se o cinegrafista gravou as imagens corretamente, se o repórter soube aproveitar bem o material reunido e se o editor de texto não deixou escapar alguma falha na redação.

Nesse momento, a reportagem ganha corpo pelas mãos do editor de imagem, que, para exercer seu ofício, se vale das imagens gravadas pelo repórter cinematográfico e pelo relatório de

---

6   A expressão *voz de Deus* é um jargão do telejornalismo que designa o nome do microfone acessado somente por quem trabalha no *switcher*, geralmente acionado pelo diretor do programa, pelo editor-chefe do telejornal ou pelo diretor de TV. Esse microfone não somente abre a comunicação com quem está usando o ponto eletrônico (normalmente, o apresentador e o assistente de estúdio), mas também permite que aqueles que estão no estúdio ouçam a mensagem do responsável pelo programa. Um exemplo de utilização do dispositivo ocorre quando um telejornal transmitido ao vivo está para retornar do intervalo comercial e os profissionais do estúdio não estão devidamente posicionados. Em razão do alto risco de a "voz de Deus" vazar durante a transmissão do telejornal, o microfone deve ser utilizado apenas em último caso e, mesmo assim, somente por meio de comandos breves.

reportagem com o texto e as indicações elaboradas pelo jornalista. Se as imagens estiverem sem a qualidade técnica esperada ou se a fonte não der a resposta indicada pelo repórter para ser usada na sonora, por exemplo, o problema exigirá uma solução rápida. Isso porque, quase sempre, o material que está sendo editado precisa estar pronto "para ontem".

Para resolver essas e outras questões, o editor de imagem conta com o apoio do editor de texto. Em conjunto – e em alguns casos também mediante a consulta ao editor-chefe –, os profissionais decidem se existe solução para o problema ou se o material terá de "voltar para a rua".

Como o fechamento de um telejornal é bastante tenso, com bastante dinamismo e sem espaço para perda de tempo, as decisões tomadas na cabine do editor de imagem têm grande importância. Essas decisões são determinantes para que o material do dia esteja ou não pronto para ser exibido na hora certa e para convencer ou não a audiência de que o departamento de jornalismo da emissora está realizando um bom trabalho.

Em uma redação de TV, a hora do fechamento é quando os profissionais diretamente envolvidos na produção do telejornal – editor de texto, editor-chefe e apresentador – começam a se preparar para colocar o programa no ar. Comumente, ocorre cerca de duas horas antes do início da exibição do telejornal.

Nesse intervalo de tempo, o editor de texto confere se os créditos dos VTs – nomes do repórter e do cinegrafista, nomes dos entrevistados, entre outros detalhes que aparecem na reportagem – estão corretos e fecha os arquivos no sistema. O editor-chefe, assim como o apresentador (em alguns casos), também confere se os VTs chegaram às pastas do sistema utilizado para a exibição e se os *scripts* estão fechados corretamente (as alterações são comuns nessa fase), além de consultar a equipe de pauta para ver se não há nenhuma mudança de última hora.

Afinal, os textos que embasam o programa precisam de um encadeamento que estabeleça algum tipo de relação com o próximo da lista, para que aquilo que está sendo apresentado faça sentido para a audiência.

O apresentador também precisa ler o roteiro do telejornal com antecedência. Como os *scripts* passam por muitas mãos antes de chegarem ao *teleprompter* e é o apresentador quem, efetivamente, aparece na tela da TV e "conversa" com o público durante o telejornal, ele deve, preferencialmente, fazer apontamentos e até mesmo alterações nas laudas. Isso porque nem sempre é fácil ler o texto escrito por outra pessoa. Algumas vezes, certas expressões redigidas por terceiros, inexplicavelmente, não caem bem na "boca" de alguém.

Quando o espelho do programa está aprovado por todos, é hora de fazer a mágica acontecer e colocar o telejornal no ar. E, se tudo foi conferido mais de uma vez, não há razão para se preocupar, não é mesmo? Engana-se quem pensa assim. Como os processos são informatizados e como toda tecnologia pode, de uma hora para outra, falhar, é bom estar pronto para tudo. Imprevistos acontecem e, quando ocorrem, não é hora para pânico!

Se algo der errado com o TP, por exemplo, o apresentador do telejornal deverá estar com os *scripts* em mãos para conseguir chamar as matérias que continuarão a ser exibidas normalmente até que tudo esteja resolvido. Além disso, existe o auxílio do *talkback* (ponto eletrônico), um aparelho bem pequeno que é instalado discretamente dentro da orelha de quem apresenta o programa. É através dele que o diretor ou o editor-chefe consegue se comunicar com quem está no estúdio.

Como vimos, cada etapa de produção de um telejornal está ligada à próxima, portanto a melhor opção é compartilhar as decisões com o conjunto da equipe. Se você é do pessoal da "planície" (Barbeiro; Lima, 2005), sempre poderá chegar das gravações com alguma ideia inusitada ou, então, trazendo apontamentos relevantes do público. Se você está no "topo da montanha", sempre terá algo novo a aprender. Guardemos bem esta mensagem: não se faz jornalismo em TV sozinho.

Questões para revisão

1. Com base no conteúdo abordado neste capítulo, assinale a alternativa que corresponde corretamente ao processo de edição de reportagens:
    a) A edição é o momento em que é montado o programa de TV, quando são encaixados os materiais disponíveis na grade.
    b) No processo de edição, os editores de texto e de imagem trabalham em conjunto com os produtores.
    c) É o editor de imagem quem tem a palavra final sobre o que vai ou não para o ar.
    d) Durante o processo de edição, é possível filtrar quais materiais têm e quais não têm condições de serem finalizados e levados à exibição para o público.
    e) A edição jamais pode vetar a exibição de um material finalizado pela reportagem.

2. O processo de fechamento de um telejornal é o momento em que o editor-chefe trabalha para formatar o conteúdo que será exibido no programa. Assinale a alternativa que resume corretamente as tarefas características dessa etapa no telejornalismo:
   a) Pauta, agendamento, gravação e revisão textual.
   b) Revisão do espelho, seleção de reportagens e definição dos assuntos para a escalada.
   c) Análise de textos, revisão de créditos e fechamento de *scripts*.
   d) Gravação de entrevistas, decupagem de imagens e redação.
   e) Leitura do roteiro, aplicação de técnicas vocais e sugestão de alterações no espelho.

3. Assinale a alternativa correta sobre as atividades referentes às funções de editor de texto, editor-chefe e apresentador em seu cotidiano de trabalho, com relação ao fechamento de um telejornal:
   a) O editor de texto responde, integralmente, pelo sucesso ou não do programa; é responsável por selecionar os materiais que serão exibidos no telejornal; orienta a equipe e seleciona os temas para escalada.
   b) O editor-chefe sugere alterações no roteiro; precisa redobrar a atenção durante a exibição do telejornal; preferencialmente, deve manter uma relação de parceria e cumplicidade com os colegas de trabalho.
   c) O editor de texto é quem escreve as cabeças para as matérias que serão lidas pelo apresentador; começa a preparar o material que vai abastecer o *teleprompter*; avalia a qualidade dos materiais editados.

d) Além de elaborar as pautas, o editor de texto também fica de sobreaviso caso precise ir para a rua gravar reportagens.
e) Nenhuma das alternativas está correta.

4. Sobre a utilização de notas oficiais e notas-retorno em um telejornal, explique qual deve ser o tratamento dado ao conteúdo delas para fazer a adaptação à linguagem usada pelo apresentador.

5. Considerando as circunstâncias que exigem técnicas de improviso durante a apresentação de um telejornal, justifique por que o *teleprompter* e o *talkback* são considerados como ferramentas de trabalho.

Questão para reflexão

1. O fechamento de um telejornal é uma etapa bastante importante e complexa no cotidiano dos jornalistas de TV. Por isso, é necessária uma boa dose de concentração e experiência para conseguir articular a disposição dos materiais jornalísticos no espelho de um telejornal. Pensando nisso e sem esquecer que, em televisão, também é preciso estar de olho na audiência e na concorrência, reflita sobre a seguinte situação: o telejornal vai entrar no ar antes da concorrência e você já tem o VT mais importante do dia pronto para ser transmitido. O que você deve fazer? Colocar o material no ar assim que abrir o telejornal ou chamar o assunto e rodar o VT somente quando a audiência estiver mais "aquecida"? Justifique sua escolha.

A J M R L C S N I M L
J A L N M S I C R S C

Parte 03

Futuro do telejornalismo

Capítulo 06

Inovar para sobreviver: breve comentário

Aline de Oliveira Rios

Conteúdos do capítulo:
- As mudanças no telejornalismo.
- As inovações na produção do telejornalismo.
- As produções audiovisuais fora da TV.

Após o estudo deste capítulo, você será capaz de:

1. compreender algumas transformações em relação ao telejornalismo;
2. refletir criticamente sobre mudanças recentes em termos de audiovisual;
3. entender outros espaços de atuação jornalística para produção audiovisual.

Está claro que as novas tecnologias não provocaram a "morte" do telejornalismo nem de outros meios de comunicação. Mas também é fato que o jornalismo de TV já não é mais o mesmo. Novas possibilidades estão surgindo, assim como novas alternativas no campo produtivo. Também já não cabe aos profissionais a execução das mesmas tarefas, tampouco a vivência das mesmas rotinas. Os tempos são outros e a realidade que se impõe exige múltiplas habilidades e conhecimentos por parte dos jornalistas, jovens ou não.

As transformações, atravessadas pelo contexto de midiatização e convergência, chegaram aos meios tradicionais de comunicação – jornais, revistas, rádio e TV – e têm motivado a adoção de novas linguagens e formatos na tentativa de ampliar o diálogo com o público, que, igualmente, alcança novo protagonismo no ecossistema midiático.

Todas essas questões também pressionam o mercado, que, aos poucos, busca novos caminhos na tentativa de manter e/ou ampliar seus níveis de audiência.

6.1
Atividade em processo de mudança

Em um artigo sobre os desafios no ensino de jornalismo na contemporaneidade, Tattiana Teixeira (Machado; Teixeira, 2012, p. 18) destaca que as mudanças decorrentes do avanço da internet e das novas tecnologias de informação e comunicação exigem uma reformulação dos projetos que tratam das formas de se ensinar jornalismo porque é preciso preparar os jovens profissionais para o novo contexto da atividade.

A autora recorre a Ramón Salaverria e Samuel Negredo para fazer referência à relação entre os processos de convergência e jornalismo:

> A convergência jornalística é um processo multidimensional que, facilitado pela implantação generalizada das tecnologias de telecomunicações digitais, afeta o âmbito tecnológico, empresarial, profissional e editorial dos meios de comunicação, proporcionando uma integração de ferramentas, espaços, métodos de trabalho e linguagens anteriormente separados, de forma que os jornalistas elaboram conteúdos que são distribuídos através de múltiplas plataformas, usando as linguagens próprias a cada uma delas. (Salaverria; Negredo, 2008, citados por Machado; Teixeira, 2012, p. 18, tradução nossa)

Esse processo também é atravessado pela midiatização, que promove um novo modo de estar no mundo e reconfigura as relações entre as pessoas em sociedade (Sodré citado por Klein, 2013, p. 36), especialmente a partir da ampliação do acesso a dispositivos tecnológicos de produção e reprodução de mensagens.

Essas condições conferem um novo protagonismo ao público, inclusive, colocando em questão o lugar ocupado pelos meios tradicionais de comunicação – a exemplo da televisão – em relação à credibilidade e à legitimidade para tratar dos assuntos de interesse público.

Qualquer pessoa com acesso a um *smartphone*, por exemplo, consegue produzir algum tipo de material audiovisual. Essa produção, entretanto, não se equipara à atividade exercida por jornalistas profissionais – amparada em aspectos técnicos e éticos –, mas pode servir de meio para que "a mídia" seja interpelada por suas ações em termos de postura, gerando certos efeitos de tensão ou ainda alterando os panoramas quanto ao conteúdo produzido.

Se, por um lado, essa relação se torna mais tensa, por outro, cobra das mídias tradicionais a abertura de seus canais, no sentido de pressionar por um jornalismo mais adaptado à participação dos cidadãos. Longe de uma ilusão democrática, esse cenário impõe novos desafios, conforme aponta Beatriz Becker (2009, p. 86-87):

> A incorporação das tecnologias digitais na produção jornalística, porém, não representa um desafio apenas para a radiodifusão e para a informática; mas também para a produção de um jornalismo audiovisual de maior qualidade, que pressupõe

representações de fatos marcados pela diversidade de atores sociais, pela pluralidade de interpretações, por inovações estéticas e pela contextualização dos acontecimentos, e ainda para a audiência e para as pesquisas em telejornalismo.

Apesar das indicações de Becker, alguns autores situam que o motivo da absorção das novas tecnologias pela programação televisiva é menos nobre: a tentativa de não perder o público (Temer; Pimentel, 2009, p. 179). Um exemplo recente é o uso de *QR Code* na tela da TV durante a exibição de boletins na programação de algumas emissoras para promover o intercâmbio entre plataformas de acesso a conteúdos. Em outras palavras, os elementos dessa "nova ordem" são utilizados como forma de facilitar o acesso ao produto informativo, e não para privilegiar espectadores/leitores.

Considerando-se que a televisão tem sua importância relativizada nesse sentido, essa crise de mediação pode gerar efeitos inversos, conforme indicam Ana Carolina Rocha Pessôa Temer e Tatiane Dias Pimentel (2009, p. 185): "O telespectador nunca esteve tão próximo daqueles que fazem a televisão quanto agora. [...] não há como negar que estamos diante de um leque de possibilidades de se estabelecer um diálogo entre quem produz e quem consome TV".

Um exemplo que ilustra essa proximidade são situações em que as fontes passam a acessar os jornalistas (antes, produtores absolutos de informação e, de certa forma, protegidos por essa condição) por meio de seus perfis nas redes sociais para criticar ou sugerir questões. Outro exemplo é a utilização de memes (vídeos,

GIFs e/ou fotos com viés humorístico que se espalham pela internet) para direcionar críticas à postura da "grande mídia". Também é possível pensar essas questões em relação à maneira como a circulação de conteúdos virais (vídeos e/ou fotos que se espalham rapidamente pelas plataformas) pressiona a imprensa tradicional e ganha o noticiário. Independentemente do critério adotado para justificar o ato de pautar um "tema que viralizou", isso era simplesmente inimaginável há alguns anos.

Diante desse cenário, cresce a urgência por novos talentos e abre-se espaço para produções de caráter experimental, o que também reforça o papel das instituições de ensino superior no sentido de fomentar esse espírito de inovação.

∴ O que já mudou no horizonte produtivo

Como uma atividade dinâmica, o jornalismo de televisão já vem experimentando algumas transformações no campo produtivo, como o estilo de apresentação. Atualmente, os estúdios de telejornal são mais amplos, bem iluminados e dispõem de monitores interativos, usados para a apresentação de quadros e quaisquer outras possibilidades que a tecnologia permitir.

Diferentemente do que acontecia, agora, os apresentadores costumam conversar entre si – fugindo do estilo ensaiado e mais "seguro" de antes – e chegam até a caminhar pelo estúdio, atitude impraticável no passado (até mesmo em consequência da falta de condições técnicas). Uma das mudanças observadas recentemente tem sido no sentido de adotar estúdios transparentes, que permitem visualizar a redação ao fundo. Isso humaniza o noticiário e, de certa forma, valoriza o trabalho em equipe, que sempre é a base de toda produção telejornalística.

Figura 6.1 – Estúdio transparente que mostra a redação ao fundo

chanonnat srisura/Shutterstock

Além disso, as condições atuais permitem também a interação quase que instantânea durante os telejornais, embora nem todas as emissoras adotem essa premissa. Essa interação tem sido mais comum nas redes de televisão que trabalham com a integração entre o jornalismo informativo e o entretenimento.

6.2
Inovações na reportagem

Assim como aconteceu em relação à apresentação dos telejornais, a reportagem também passou por uma série de mudanças desde a chegada da TV e sua popularização no Brasil. Um dos principais aspectos em que se podem observar essas alterações é na gravação das passagens.

Hoje, os repórteres se movem mais no vídeo e os cinegrafistas conseguem explorar mais movimentos. Um exemplo é o *traveling*, estilo de captação de imagens em que a câmera "passeia" como se "encarnasse" o próprio telespectador (visão em primeira pessoa). Assim, as passagens, que antes eram mais rápidas e contidas, tornaram-se cada vez mais elaboradas, chegando a contar, inclusive, com elementos gráficos.

Essas transformações também chegam ao campo discursivo. Se o jornalismo de TV dos manuais exige uma linguagem objetiva – em que o repórter jamais poderia incluir-se na narrativa –, o telejornalismo atual está se distanciando desse formato a cada dia.

A alteração no tom de voz adotado na narração dos VTs e nas próprias passagens ilustra isso. A entonação é mais leve, marcada por pausas e hesitações, dando a sensação de que alguém está contando para o telespectador uma daquelas histórias boas de se ouvir. É claro que existem algumas inflexões vocais distintas, de acordo com o tema da matéria, mas essa é uma tendência bastante evidente e cada vez mais usada.

Outro recurso muito utilizado em passagens tem sido a adoção de diferentes tempos durante as gravações, ou seja, o repórter aparece saindo de uma primeira cena e, em seguida, surge no vídeo entrando em um segundo quadro e assim por diante – quase como uma referência aos *links* da internet.

Esse desapego aos padrões também pode ser identificado pelo uso de infografia nas passagens. Além de deixar a informação (quase sempre numérica) visível no vídeo, esse recurso contribui para que as reportagens adquiram um caráter mais didático.

Todas essas situações apontam para a modernização e a atualização dos formatos tradicionalmente adotados no jornalismo de televisão. Em boa parte delas, as mudanças são testadas de maneira tímida por profissionais que decidem apostar em novas ideias. Isto é, para inovar, é preciso ter atitudes criativas.

Com relação à captação de imagens, se, no passado, a prioridade era o registro de cenas captadas por meio de equipamentos profissionais, hoje, isso já vem sendo bastante superado. Entre os casos ilustrativos está o uso de drones, de *smartphones* e de câmeras que, embora pequenas, conseguem captar imagens de excelente resolução.

A utilização dessas câmeras alternativas pode ser observada em passagens em que, no VT, há a troca da cena registrada pela câmera profissional pela imagem registrada com um drone, por exemplo. No caso das pequenas câmeras, as possibilidades são inúmeras: elas podem ser fixadas em hastes e veículos, podendo, até mesmo, ser manuseadas pelos próprios repórteres em um recurso de autofilmagem, para fazer o registro dos bastidores das gravações.

Mais uma vez, a mudança é resultado da adaptação de antigos processos às novas possibilidades decorrentes da substituição do sinal (analógico por digital) e do surgimento de dispositivos tecnológicos mais avançados, aspecto que tem sido uma tônica ao longo da história do telejornalismo.

∴ A câmera como o olhar do público

Também no campo das novas produções, destacamos a adoção de determinadas técnicas por jornalistas que trabalham com reportagens investigativas. Em razão do perigo enfrentado devido à natureza dos assuntos reportados, esses profissionais jamais aparecem no vídeo, mas costumam usar câmeras ocultas – em óculos, chaves, canetas, enfim, onde for possível – quando assumem a condição de se colocar como o "olhar do público".

Aqui, vale chamar a atenção para a figura do repórter. Sem nunca aparecerem no vídeo – quando, eventualmente, surgem, a imagem é distorcida até mesmo por questões de segurança –, esses profissionais conseguem estabelecer um vínculo importante com a sociedade, uma vez que se colocam como o olhar vigilante do povo sobre as coisas públicas e/ou que perturbam a "ordem estabelecida".

Trata-se de uma experiência inovadora, ousada e corajosa, mas que exige conhecimento técnico e prática por parte desses jornalistas. Além de contarem com uma habilidade sem igual para abordar temas mais densos e para interpretar e buscar informações em espaços "pouco visitados" pela maior parte dos profissionais, eles prestam um serviço extremamente relevante para a sociedade.

Outra inovação em termos de produção telejornalística é a criação de reportagens sem narrador e sem passagem. O estilo "no *off*" vem se tornando uma aposta por parte das redes de televisão quando a intenção é produzir um relato mais intimista, quase como uma conversa, mediada pelo jornalista, entre a fonte e o telespectador: de ser humano para ser humano.

Esse estilo (ou formato) também aparece em reportagens que envolvem relatos com caráter mais dramático, como superação de doenças, desabafo de pessoas que tiveram parentes assassinados ou casos em que a intenção é valorizar a história de vida de um personagem.

Nessas produções, o ideal é que seja usada mais de uma câmera. Enquanto um dos equipamentos fica fixo, captando as imagens (somente da fonte) de um ângulo mais aberto, o repórter cinematográfico usa o outro para registrar detalhes que, mais tarde, poderão ajudar a enriquecer o trabalho da edição.

Embora o repórter esteja presente e conduza a entrevista, buscando extrair as declarações mais profundas do personagem, nem ele nem sua voz aparecerão na reportagem. Isso porque, no processo de montagem do VT, o editor de imagens usará somente os relatos de um ou mais personagens, encadeando-os, a fim de que se produza sentido sem a necessidade de gravação/inserção de um *off*.

A montagem dessas reportagens é muito mais trabalhosa, exigindo a participação do repórter e/ou de um editor durante todo o processo. Como não haverá intervenção do jornalista (passagem ou narração), é preciso que a narrativa produza sentido por ela mesma, ou seja, que se torne compreensível pela audiência.

Nesses casos, há também o uso de recursos de infografia. Cada vez mais, nesse estilo de reportagem, tem-se adotado a inserção de pequenas frases com informações de contexto e/ou dados adicionais. Em geral, essas inserções fogem do padrão habitual, marcado por faixas de texto na horizontal e paralelas à base da imagem. Em suma, é uma boa aposta, especialmente, para reportagens especiais.

A publicação *Jornalismo inovador na América Latina*, do Knight Center (Mioli; Nafría, 2017), apresenta alguns exemplos de como as novas tecnologias de produção e de interação têm motivado projetos de caráter experimental em termos de produção audiovisual. Além de destacar iniciativas com aplicativos de *streaming*[1] para transmissões ao vivo pela internet (a exemplo do Periscope), o livro aborda o uso de realidade virtual e imagens em 360°.

:: Estudo de caso

Limites éticos na elaboração de reportagens de caráter investigativo

Vimos anteriormente que, para fazer a captação de imagens durante a elaboração de reportagens investigativas, é preciso ter conhecimento técnico, prática, habilidade e um alto senso ético. Um repórter investigativo, em razão do alto risco envolvido em suas incursões, nem sempre tem condições de contar com o apoio de um repórter cinematográfico. Em algumas situações, após planejamento criterioso, dependendo do tema a ser coberto, é o próprio repórter quem irá para a rua munido de câmeras portáteis e ocultas para fazer o registro das imagens. Essa captação acontecerá de maneira simultânea ao processo de investigação-apuração. Logo, além da tensão decorrente do perigo, o profissional acumulará certa preocupação com a qualidade dos registros.

---

1   *Streaming*: tecnologia para o envio de informações multimídia.

Suponha que você seja esse profissional e que está usando um óculos com uma câmera embutida para registrar a atividade ilegal de um médico que realiza abortos em uma clínica clandestina na fronteira Brasil-Paraguai. Durante a captação de material, você registra o depoimento de uma jovem paraguaia que relata ser a segunda vez que recorre ao mesmo profissional para interromper uma gestação. Embora o depoimento seja forte e a tentação seja grande, você não deve jamais utilizar as declarações da jovem de modo a identificá-la, mesmo que ela seja de outro país. Isso porque, além de se tratar de um tema sensível (como existem tantos outros) e que pode causar constrangimentos pessoais, a simples identificação da moça poderia onerá-la com uma eventual responsabilização perante a justiça.

Jornalistas jamais têm o direito de expor a integridade de quem quer que seja. Como já mencionamos, mesmo que o personagem do material jornalístico não se preocupe em expor a própria identidade, o jornalista sempre pode, e deve, repensar se está tomando a decisão mais correta ao expor a imagem de alguém.

Acima do desejo de contar grandes histórias está o compromisso ético. Portanto, no caso em questão, para fazer uso das declarações da jovem, o correto seria borrar a imagem dela, alterar a voz da fonte e ainda omitir a informação sobre a nacionalidade dela, justificando que as medidas foram adotadas por questões de segurança.

Algumas emissoras já fizeram apostas referentes ao chamado *jornalismo imersivo* – em alusão à possibilidade de as imagens registradas permitirem uma espécie de mergulho na cena retratada – no Brasil. Trata-se de um novo conceito, em que o usuário ou telespectador contempla as cenas como se estivesse no centro delas.

Para saber mais

FANT 360: Ceribelli encara 'catapulta humana' na Nova Zelândia. **Fantástico**. Rio de Janeiro: Rede Globo de Televisão, 15 set. 2019. Programa de televisão. Disponível em: <https://g1.globo.com/fantastico/quadros/fant-360/noticia/2019/09/15/fant-360-ceribelli-encara-catapulta-humana-na-nova-zelandia.ghtml>. Acesso em: 10 jan. 2021.

Veja a íntegra da reportagem imersiva realizada por Renata Ceribelli na Nova Zelândia para o quadro "Fant 360", do *Fantástico*, em 2019.

:: **O jornalismo "multi"**

Com tantas possibilidades de criação no campo audiovisual, a atuação no telejornalismo passa a exigir cada vez mais habilidades de seus profissionais. Juliana Teixeira (Machado; Teixeira, 2012) observa que é necessário que o jornalista esteja disposto a reinventar a atividade constantemente. Para a autora, os profissionais do jornalismo contemporâneo precisam manter-se abertos às novas tecnologias digitais, inclusive em relação aos processos de produção, edição e circulação de conteúdo.

Nesse contexto de superabundância de informações, convergência e midiatização, a profissão vem sendo transformada, alterando-se as atividades até então tradicionais no jornalismo (Machado; Teixeira, 2012, p. 85). Atualmente, além de desempenharem múltiplas funções, os jornalistas contam com múltiplas habilidades para se adaptarem a um mundo multiplataforma – até mesmo em termos de apuração, quando a checagem passa a se expandir também pelos "territórios virtuais".

6.3
O telejornal fora da TV

A maneira como o atual cenário tem se imposto em relação ao exercício do jornalismo pode estar apontando, em um futuro talvez não muito distante, para a expansão dos tradicionais meios de comunicação para o interior das redes sociais e das novas plataformas.

Na atualidade, uma parte considerável dos programas jornalísticos tradicionais já está presente nas redes sociais e/ou disponibiliza conteúdos pela internet (Spinelli, 2012, p. 5). Isso, no entanto, é diferente de contar com produtos específicos para as novas plataformas, com linguagens adaptadas às novas preferências do público.

Esses aspectos, associados ao crescente número de brasileiros que assistem à TV pelos telefones celulares inteligentes, chama a atenção para a possibilidade de, futuramente, contarmos com programas com linguagem e formatos similares aos presentes na televisão em outras plataformas.

Isso já vem se verificando, por exemplo, por meio dos veículos de mídia que têm apostado na produção de conteúdo jornalístico por meio de *lives* (vídeos ao vivo) no Facebook. Apesar de se tratar de uma plataforma diferente da tradicional, o padrão de produção segue, ou pelo menos imita, aqueles utilizados em enquadramentos e/ou formatos televisivos, inclusive quanto à elaboração textual. Como exemplo, podemos citar o uso de planos típicos da TV para enquadrar o repórter.

Essas alternativas também têm gerado interferências no estabelecimento das rotinas de produção dos jornalistas. Cada vez mais, esses profissionais passam a incluir atividades nas redes sociais (consultar o perfil de fontes, buscar "declarações" de fontes e fazer agendamentos, por exemplo) entre suas obrigações diárias.

A tecnologia vem sendo usada, igualmente, para vencer barreiras relacionadas ao espaço-tempo. Um exemplo é a utilização das ferramentas para videoconferência para a realização de entrevistas com fontes que não podem ser acessadas presencialmente. Todas essas questões interferem no fazer jornalístico e exigem uma nova postura dos profissionais, que precisam buscar qualificação para corresponder às novas expectativas em torno do jornalismo.

Para saber mais

G1 em 1 minuto: internautas podem acessar reportagens do G1 através do QR Code. **G1**, 17 jul. 2019. Disponível em: <g1.globo.com/ap/amapa/videos/v/g1-em-1-minuto-internautas-podem-acessar-reportagens-do-g1-atraves-do-qr-code/7772545/>. Acesso em: 10 jan. 2021.

O vídeo mostra o uso do *QR Code* em boletins durante a programação da Rede Globo no Amapá. Por meio do código exibido na tela da TV, é possível acessar mais detalhes sobre determinada notícia.

CRACOLÂNDIA. Reportagem câmera escondida. **Jovem Pan Online**, 13 jun. 2015. Disponível em: <https://youtu.be/nt6VJ6H7DN0>. Acesso em: 10 jan. 2021.

Essa reportagem sobre a Cracolândia foi produzida pela rádio Jovem Pan usando uma câmera escondida. O vídeo permite refletir tanto sobre a possibilidade de realizar gravações em lugares inóspitos quanto sobre a diluição das fronteiras entre os campos de atuação das diferentes mídias.

DEPRESSÃO atinge quase 6% da população, segundo OMS. **Meio Dia Paraná**. RPC: Ponta Grossa, 3 set. 2019. Disponível em: <https://globoplay.globo.com/v/7893134/>. Acesso em: 10 jan. 2021.

Essa reportagem, exibida em 3 de setembro de 2019 pela RPC Ponta Grossa, é um exemplo de como produzir matérias sem *off* do repórter.

NODARI, S. Off: o mal (des)necessário – a produção de reportagens sem locução. **Revista Dito Efeito**, Curitiba, v. 5, n. 7, jul./dez. 2014 Disponível em: <https://periodicos.utfpr.edu.br/de/article/view/2704/1893>. Acesso em: 10 jan. 2021..

Nesse artigo, a professora e jornalista Sandra Nodari explica como tem funcionado essa adaptação do processo produtivo tradicional no campo do telejornalismo.

MIOLI, T.; NAFRÍA, I. (Ed.). **Jornalismo inovador na América Latina**. Austin, TX: Knight Center para o Jornalismo nas Américas, 2017. E-book. Disponível em: <https://utw10693.utweb.utexas.edu/pt-br/ebook/jornalismo-inovador-na-america-latina-pt-br>. Acesso em: 10 jan. 2021.

Esse *e-book*, publicado pelo Knight Center em 2017, apresenta vários exemplos sobre o uso de novas tecnologias na produção e distribuição de conteúdos jornalísticos. O material inclui ainda um tutorial sobre como produzir vídeos para diferentes plataformas.

Síntese

As novas tecnologias de comunicação e de informação têm forçado o jornalismo, em seus moldes tradicionais, a se adaptar. Enquanto alguns "velhos hábitos" da profissão perdem espaço, cada vez mais os jornalistas precisam desenvolver múltiplas habilidades para que possam cumprir múltiplas tarefas, em um universo multilateral. Isso, claro, exige qualificação constante daqueles que já estão no mercado e a alteração significativa dos programas de ensino de Jornalismo.

Essas questões – midiatização e convergência jornalística – também interferem na conformação das rotinas de produção, eliminando algumas barreiras, visto que impõem novas discussões sobre o campo de atuação. Outra tendência é o esforço em torno das tentativas de inovação tendo como base, principalmente, as iniciativas de caráter experimental.

Como vimos, alguns processos já vêm passando por mudanças no campo da produção televisiva: emissoras começam a incorporar elementos de midiatização e convergência, por exemplo. Porém, as alterações ainda são tímidas se comparadas às novas necessidades de um público que abandonou a passividade para se tornar um protagonista no processo.

Cabe aos profissionais – tanto os novos quanto os que já estão no mercado –, às empresas de mídia e ao próprio público delinear os contornos do que deve vir a se tornar esse novo jornalismo ou o jornalismo adaptado aos novos tempos.

Questões para revisão

1. Explique como a convergência jornalística tem afetado o trabalho dos jornalistas que atuam na televisão. Eles estão mais sobrecarregados ou vêm desenvolvendo novas habilidades?

2. Cite um exemplo de inovação na produção de reportagens a partir do uso de novas tecnologias para a captação de imagens. Isso já tem gerado algum reflexo nas produções dos telejornais?

3. Com relação à maneira como os processos de inovação têm afetado o campo do jornalismo – em termos de novas tecnologias e desenvolvimento de novas habilidades –, assinale a alternativa correta:
    a) Muitas emissoras têm investido em alternativas para distribuir o conteúdo em novas plataformas para não perder público.

b) A adaptação às novas tecnologias, por questões éticas, deve sempre respeitar as condições de adaptação dos jornalistas mais velhos.

c) Com as novas tecnologias e plataformas para distribuição de conteúdo, o jornalista vai exercer funções cada vez mais específicas, sem a necessidade de um perfil multitarefa.

d) A televisão não tem nada a ver com as novas plataformas e, por ser um meio específico, não precisa buscar novas estratégias para esses ambientes.

e) Cada vez mais, o mercado vai valorizar os jornalistas que não perdem tempo aprendendo a trabalhar com as redes sociais, por exemplo.

4. Assinale a alternativa que cita corretamente exemplos de como câmeras portáteis e ocultas podem ser utilizadas em reportagens para TV:

a) Para a elaboração de *stand-ups* e notas cobertas investigativas.

b) Em reportagens investigativas e em produções que exigem que as imagens sejam mais elaboradas e/ou captadas por diferentes ângulos.

c) Na gravação de matérias cotidianas e que precisam ir ao ar o quanto antes, sem investimento em tempo de investigação e apuração.

d) Somente para a produção de documentários.

e) Nenhuma das alternativas está correta.

5. Uma publicação do Knight Center, de 2017, aborda a possibilidade do uso do chamado *jornalismo imersivo* nas produções televisivas. Essa proposta se vale do emprego de novas tecnologias, a exemplo das câmeras que captam imagens em 360°. Sobre o jornalismo imersivo, assinale a alternativa que melhor explica o termo:
   a) O jornalista usa uma identidade falsa para "mergulhar" na vida de alguém que ele não é.
   b) *Jornalismo imersivo* é um termo usado para designar determinadas práticas documentais que, aliás, são bastante antigas.
   c) O termo se refere à sensação de imersão na realidade, proporcionada, em especial, pelo uso de novas tecnologias para captação de imagens. Um exemplo são as câmeras 360°.
   d) Todas as alternativas anteriores estão corretas.
   e) Nenhuma das alternativas está correta.

Questão para reflexão

1. Toda mudança tecnológica costuma vir acompanhada de uma necessária adaptação não somente aos novos dispositivos como também às novas práticas. No cenário contemporâneo, em que o mundo cada vez mais se converte em um ambiente multiplataforma, existem várias transformações em andamento no que se refere a processos jornalísticos tidos como tradicionais. Em sua opinião, a necessidade de se tornar um profissional multitarefa tende a converter o jornalista em um trabalhador mais sobrecarregado ou em um profissional mais valorizado? Justifique sua resposta.

Considerações finais

Como discorremos ao longo desta obra, os processos de produção no jornalismo de televisão são bem definidos e exigem forte entrosamento da equipe. Embora algumas tarefas estejam sendo transformadas em face da integração com as redes sociais e das novas tecnologias de comunicação e informação, a essência do ofício permanece inalterada no campo televisivo.

O jornalismo de televisão, como abordamos no primeiro capítulo, apesar de ter recebido forte influência do radiojornalismo, desenvolveu características próprias. Em função do público heterogêneo, ele se tornou capaz de alcançar a compreensão de uma ampla diversidade de grupos, por meio da produção audiovisual e do tom de conversa de seus textos.

Essa abrangência de público é possibilitada, como vimos no segundo capítulo, pela utilização de diferentes gêneros e formatos nas produções telejornalísticas, que requerem a aplicação de técnicas de redação específicas para jornalismo de TV. Uma das mais importantes habilidades que destacamos nesse capítulo foi a de "escrever pensando nas imagens". Por suas características e de seu público, os processos jornalísticos envolvidos na elaboração de um telejornal exigem não apenas o trabalho em equipe, mas também uma equipe que respeite o espaço de atuação de cada profissional envolvido nas etapas de produção: desde a concepção do produto telejornalístico até o momento em que a produção audiovisual é levada ao público.

A produção começa na checagem e na elaboração da pauta, continua por meio do trabalho das equipes na rua, ganha forma no processo de edição e começa a fazer sentido para o público no processo de apresentação-transmissão. Em todas essas etapas, além do valor da imagem como registro, está presente a importância da produção textual. O mesmo não acontece com as práticas, a cada dia mais tensionadas por novas formas de execução.

No jornalismo de televisão, apesar do peso da imagem, o texto estabelece elos: entre a produção e as equipes de reportagem; entre o repórter e os editores; entre os editores e o apresentador; e entre estes e os telespectadores. A escrita, nesses termos, é resultado não apenas do ofício de comunicar/informar, mas também do estabelecimento de uma linha condutora ao longo do processo. Por essa razão, no terceiro e no quarto capítulos, enfatizamos que o produto, com base na pauta elaborada cuidadosamente pelos produtores, terá mais qualidade quanto mais o jornalista estiver bem preparado para conduzir seu trabalho. O texto ganhará nova forma, consolidando-se no roteiro que embasa o processo da edição. O trabalho dos editores ganha corpo em cada lauda produzida, garantindo que o espelho do telejornal esteja repleto de boas histórias, conteúdo que é cuidadosamente organizado e lapidado na produção de cada escalada. Dessa condição, associada às múltiplas possibilidades de valorização da sonoridade, decorre o caráter audiovisual das produções em TV. Diante disso, por contar com uma linguagem universal e estar atrelada à instantaneidade na maneira de comunicar, a produção televisiva guarda as particularidades que foram apresentadas ao longo destas páginas.

Além de demonstrar a importância da associação texto-imagem nas mais variadas etapas do processo produtivo, foi possível evidenciar que o telejornalismo, assim como outras formas de comunicar, está passando por transformações.

Seja por necessidade de adaptação às novas tecnologias de produção – uma tônica na história do jornalismo, diga-se de passagem –, seja por questões de mercado, seja pelo propósito de atender às expectativas do público, a atividade já não é mais a mesma e as bases profissionais também não podem ser.

No sexto capítulo, buscamos deixar claro que, além de exigir dos jornalistas que já estão atuando uma postura multimidiática e voltada para a produção multiplataforma e multilateral, o novo cenário reivindica novas formas de ensinar a fazer jornalismo. Desses esforços devem resultar as propostas que podem refundar ou apenas moldar de uma maneira diferente o horizonte produtivo da profissão.

Entretanto, conforme procuramos ressaltar ao longo dos capítulos desta obra, não há como apostar em qualquer forma de inovação em determinada atividade sem conhecer seus elementos estruturantes. Isso também vale para o telejornalismo e tem se verificado nos projetos que buscam experimentar novos formatos e linguagens no âmbito produtivo.

Nesse sentido, o atual cenário é bastante inspirador ou, ao menos, favorável. Graças ao avanço da internet e às novas tecnologias de comunicação interpessoal, é possível, por exemplo, conhecer projetos de comunicação que estão em andamento em outros países, assim como encontrar tutoriais que auxiliam no manuseio de novas tecnologias. Esses intercâmbios digitais, favorecidos pela contemporaneidade, têm servido de motor para o estabelecimento de novas formas de comunicar e fazer jornalismo.

Com isso, deve ficar claro que não é mais possível ingressar na profissão imaginando-se que o ofício que se aprende hoje permanecerá o mesmo até o fim da vida. Isso é impossível! É verdade que, talvez, a própria velocidade que vem se impondo sobre os processos coloque em questão o modelo educacional que tem se mantido no país.

Ainda assim, mais do que um laboratório em que se busca ensinar técnicas – como se fosse humanamente possível dominá-las no ritmo de atualização em que se apresentam atualmente –, é a educação que tem a missão de preparar os futuros profissionais para que eles possam enfrentar as dificuldades e as necessidades impostas pelo cenário atual, sem perder de vista a capacidade crítica, o compromisso ético e a atenção ao interesse público, tão caros ao exercício do jornalismo em qualquer tempo.

Referências

ALSINA, M. R. **A construção da notícia**. Petrópolis: Vozes, 2009.

ALVES, M. A didática da telerreportagem: da imagem à pauta, uma experiência em sala de aula. **Revista Brasileira de Ensino de Telejornalismo**, v. 2, n. 11, , p. 5-23, jul./dez. 2012.

ARQUIVOS 1000. **Telejornal Primeiro Plano Anos 60**. 2 dez. 2013. Disponível em: <https://www.youtube.com/watch?v=UwxVGpGPPkc>. Acesso em: 11 jan. 2021.

BALSEBRE, A. A linguagem radiofônica. IN: MEDITSCH, E. (Org.). **Teorias do rádio**: textos e contextos. Florianópolis: Insular, 2005. v. I.

BARBEIRO, H.; LIMA, P. R. de. **Manual de jornalismo para rádio, tv e novas mídias**. Rio de Janeiro: Elsevier, 2013.

BARBEIRO, H.; LIMA, P. R. de. **Manual de radiojornalismo**. 3. ed. Rio de Janeiro: Campus, 2003.

BARBEIRO, H.; LIMA, P. R. de. **Manual de telejornalismo**: os segredos da notícia na TV. Rio de Janeiro: Campus, 2002.

BARBEIRO, H.; LIMA, P. R. de. **Manual de telejornalismo**: os segredos da notícia na TV. 2. ed. São Paulo: Campus, 2005.

BECKER, B. Do mito da imagem ao diálogo televisual: repensando o ensino e a pesquisa em jornalismo. In: VIZEU, A.; PORCELLO, F.; COUTINHO, I. (Org.). **40 anos de telejornalismo em rede nacional**: olhares críticos. Florianópolis: Insular, 2009. p. 40-104.

BECKER, B. **A linguagem do telejornal**: um estudo da cobertura dos 500 anos do Descobrimento do Brasil. Rio de Janeiro: E-papers, 2005.

BENITES, S. A. L. **Contando e fazendo a história**: a citação no discurso jornalístico. São Paulo: Arte e Ciência, 2002.

BISTANE, L.; BACELLAR, L. **Jornalismo de TV**. 2. ed. São Paulo: Contexto, 2006.

BONNER, W. **Jornal Nacional**: modo de fazer. Rio de Janeiro: Globo, 2009.

BORDIN, L. L. No Brasil, apenas 9% das cadeiras do parlamento são ocupadas por mulheres. **Gazeta do Povo**. Curitiba, 13 maio 2016. Disponível em: <https://www.gazetadopovo.com.br/vida-publica/no-brasil-apenas-9-das-cadeiras-do-parlamento-sao-ocupadas-por-mulheres-89pkxin5nwzvbhj4bq46eh16u/>. Acesso em: 10 jan. 2021.

BRASIL chegou a 273,58 milhões de telefones celulares em março. **G1**, 23 abr. 2014. Disponível em: <http://g1.globo.com/tecnologia/noticia/2014/04/brasil-chegou-a-27358-milhoes-de-telefones-celulares-em-marco.html>. Acesso em: 10 jan. 2021.

BRASIL. Congresso. Senado Federal. Secretaria de Comunicação Social. **Manual de redação**: Agência Senado, Jornal do Senado. Brasília: Senado Federal, 2003. Disponível em: <https://www2.senado.leg.br/bdsf/bitstream/handle/id/101978/manual_redacao_agencia.pdf?sequence=1&isAllowed=y>. Acesso em: 11 jan. 2021.

COMPARATO, D. **Roteiro**. Rio de Janeiro: Nórdica, 1983.

COUTINHO, I.; MUSSE, C. F. Telejornalismo, narrativa e identidade: a construção dos desejos do Brasil no Jornal Nacional. In: VIZEU, A.; PORCELLO, F.; COUTINHO, I. (Org.). **40 anos de telejornalismo em rede nacional**: olhares críticos. Florianópolis: Insular, 2009.

CUNHA, C. e CINTRA, L. **A nova gramática do português contemporâneo**. 3. ed. Rio de Janeiro: Lexikon, 2007.

CURADO, O. **A notícia na TV**: o dia a dia de quem faz telejornalismo. São Paulo: Alegro, 2002.

EDITORIAL do Grupo Bandeirantes sobre as reações ao decreto das armas. **Jornal da Band**. São Paulo: Band, 10 maio 2019. Telejornal. Disponível em: <https://www.youtube.com/watch?v=4j6eoFOlC1c>. Acesso em: 11 jan. 2021.

EMERIM, C. Análise de telejornalismo: uma proposta metodológica. In: ENCONTRO NACIONAL DE PESQUISADORES DE JORNALISMO, 2010, São Luiz, p. 1-15.

EMERIM, C. **As entrevistas na notícia de televisão**. Florianópolis: Insular, 2012.

EMERIM, C. Telejornal, tecnologia e narrativa no Brasil para os próximos 65 anos. In: VIZEU, A. et al. (Org.). **Telejornal e praça pública**: 65 anos de telejornalismo. Florianópolis: Insular, 2015. p. 207-228.

GOMES, I. M. M. (Org.). **Gêneros televisivos e modos de endereçamento no telejornalismo**. Salvador: EDUFBA, 2011.

GROTH, O. **O poder cultural desconhecido**: fundamentos das ciências dos jornais. Petrópolis: Vozes, 2011.

HOMRICH, L. N. **Edição no telejornalismo**: a cobertura dos atentados em Santa Catarina. Florianópolis: Insular, 2018.

JABOR, A. Comentário. **Jornal da Globo**. Rio de Janeiro: Rede Globo de Televisão, 7 jan. 2020. Telejornal. Disponível em: <https://globoplay.globo.com/v/8219410/>. Acesso em: 11 jan. 2021.

JAMBEIRO, O. **A TV no Brasil do século XX**. Salvador: EDUFBA, 2002.

JESPERS, J.-J. **Jornalismo televisivo**: princípios e métodos. Coimbra: Minerva, 1998.

JORNAL NACIONAL. Rio de Janeiro: Rede Globo de Televisão, 5 jan. 2019. Telejornal.

KANTAR IBOPE MEDIA. **Inside TV**: experiência, influência e as novas dimensões do vídeo. mar. 2020. Disponível em: <https://www.kantaribopemedia.com/wp-content/up loads/2020/03/Kantar-IBOPE-Media_Inside-TV_2020.pdf.>. Acesso em: 11 jan. 2021.

KLEIN, O. J. **A notícia em rede**: processos e práticas de produção de notícia em rede regional de televisão. Passo Fundo: Ed. da UPF, 2013.

KOVACH, B.; ROSENSTIEL, T. **Elementos do jornalismo**: o que os jornalistas devem saber e o público exigir. São Paulo: Geração, 2003.

KYRILLOS, L.; COTES, C.; FEIJÓ, D. **Voz e corpo na TV**: a fonoaudiologia a serviço da comunicação. São Paulo: Globo, 2006.

LAGE, N. **Teoria e técnica do texto jornalístico**. Rio de Janeiro: Elsevier, 2005.

LIMA, L. A. e. **Por uma gramática da reportagem**: uma proposta de ensino em telejornalismo. Dissertação (Mestrado em Comunicação) – Universidade Federal do Pernambuco, Recife, 2010.

LUSTOSA, E. **O texto da notícia**. Brasília: Ed. da UNB, 1996.

MACHADO, E.; TEIXEIRA, T. (Org.). **O ensino de jornalismo na era da convergência**: conceitos, métodos e estudos de casos no Brasil. Salvador: EDUFBA, 2012.

MATTOS, S. **História da televisão brasileira**: uma visão econômica, social e política. 2. ed. Petrópolis: Vozes, 2002.

MEDITSCH, E. (Org.). **Teorias do rádio**: textos e contextos. Florianópolis: Insular, 2005. v. I.

MIOLI, T.; NAFRÍA, I. (Ed.). **Jornalismo inovador na América Latina**. Austin, TX: Knight Center para o Jornalismo nas Américas, 2017. E-book. Disponível em: <https://utw10693.utweb.utexas.edu/pt-br/ebook/jornalismo-inovador-na-america-latina -pt-br>. Acesso em: 10 jan. 2021.

PATERNOSTRO, V. I. **O texto na TV**: manual de telejornalismo. São Paulo: Brasiliense, 1987.

PATERNOSTRO, V. I. **O texto na TV**: manual de telejornalismo. 2. ed. rev. e atual. Rio de Janeiro: Elsevier, 2006.

PEIXOTO, F.; PORCELLO, F. Quando o repórter aparece na TV: o corpo e a voz da notícia no telejornalismo. **Estudos em Comunicação**, Covilhã, n. 22, p. 123-164, maio 2016.

PENA, F. **Teoria do jornalismo**. São Paulo: Contexto, 2005.

REZENDE, G. J. de. **Telejornalismo no Brasil**: um perfil editorial. São Paulo: Summus, 2000.

RODRIGUES, F. Prefácio. In: KOVACH, B.; ROSENSTIEL, T. **Elementos do jornalismo**: o que os jornalistas devem saber e o público exigir. São Paulo: Geração, 2003. p. 13-14.

SOLER, M. N. A. **Quem pauta a pauta**: rotinas produtivas do *Tem Notícias Primeira Edição*. Dissertação (Mestrado em Comunicação) – Faculdade de Arquitetura, Artes e Comunicação, Universidade Estadual Paulista "Júlio de Mesquita Filho", Bauru, 2005.

SOUZA, J. C. A. de. Roda dos gêneros da televisão digital interativa: ferramenta para o desenvolvimento de novos gêneros e formatos de conteúdo para multiplataformas digitais interativas. In: CONGRESSO DE CIÊNCIAS DE COMUNICAÇÃO NA REGIÃO SUDESTE, 18., 2013, Bauru. **Anais...** Bauru: Intercom, 2013. p. 1-10. Disponível em: <https://portalintercom.org.br/anais/sudeste2013/resumos/R38-1719-1.pdf>. Acesso em: 10 jan. 2021.

SOUZA FILHO, W. J. de. **A transformação da tecnologia**: mudanças das rotinas de edição da notícia nos telejornais do Brasil e de Portugal. Tese (Doutorado em Ciências da Comunicação) – Universidade da Beira Interior, Covilhã, 2015.

SPINELLI, E. M. Jornalismo audiovisual: gêneros e formatos na televisão e internet. **Revista Alterjor**, ano 3, v. 2, n. 6, p. 1-15, jul./dez. 2012.

TEMER, A. C. R. P. **Flertando com o caos**: comunicação, jornalismo e televisão. Goiânia: FIC/UFG, 2014.

TEMER, A. C. R. P.; PIMENTEL, T. D. Televisão e internet: interatividade entre as duas mídias e a abertura de um novo espaço para a cidadania. In: VIZEU, A.; PORCELLO, F.; COUTINHO, I. (Org.). **40 anos de telejornalismo em rede nacional**: olhares críticos. Florianópolis: Insular, 2009. p. 173-187.

TRAQUINA, N. (Org.). **Jornalismo**: questões, teorias e "estórias". 2. ed. Lisboa: Vega, 1999.

TUCHMAN, G. **Making News**: a Study in the Construction of Reality. New York: The Free Press, 1978.

VEDOVA, P. Gato é personagem ilustre da política britânica. Crônica de Londres. **Jornal Hoje**. Rio de Janeiro: Rede Globo de Televisão, 3 ago. 2019. Telejornal. Disponível em: <https://globoplay.globo.com/v/7816263/>. Acesso em: 11 jan. 2021.

VILLELA, R. **Profissão jornalista de TV**: telejornalismo aplicado na era digital. Rio de Janeiro: Ciência Moderna, 2008.

VIZEU, A. (Org.). **A sociedade do telejornalismo**. Petrópolis: Vozes, 2008.

VIZEU, A. **Decidindo o que é notícia**: os bastidores do telejornalismo. Porto Alegre: EdiPUCRS, 2014.

VIZEU, A. Telejornalismo, audiência e ética. 2002. **Biblioteca On-line de Ciências da Comunicação**. Disponível em: <http://www.bocc.ubi.pt/pag/vizeu-alfredo-telejornalismo-audiencia-etica.pdf>. Acesso em: 22 fev. 2021.

VIZEU, A.; PORCELLO, F.; COUTINHO, I. (Org.). **40 anos de telejornalismo em rede nacional**: olhares críticos. Florianópolis: Insular, 2009.

YORKE, I. **Jornalismo diante das câmeras**. 2. ed. São Paulo: Summus, 1998.

Respostas

Capítulo 1

Questões para revisão

1. c

    Justificativa: conforme abordamos no primeiro capítulo, a redação de textos jornalísticos para o rádio e para a TV deve primar pelo uso de frases curtas e sempre na ordem direta para facilitar a compreensão das notícias pela audiência e para atender à condição de instantaneidade dos dois meios. Essa condição não é pensada em relação aos demais meios de comunicação a que uma pessoa possa ter acesso, por isso a alternativa II está incorreta. Os textos devem ser sempre enxutos também para facilitar a compreensão pelo público e porque é preciso zelar pela imparcialidade das produções.

2. c

    Justificativa: usar a linguagem coloquial, portanto a linguagem do cotidiano, significa estabelecer um contato mais próximo com a audiência. Isso tem relação com a forma de comunicar, em tom de conversa, porém não significa lançar mão de um vocabulário pobre ou, então, incorrer no uso de gírias, por exemplo.

3. d

    Justificativa: de acordo com o conteúdo apresentado, apesar de a imagem conferir o caráter audiovisual às produções televisivas e ter grande importância nesse sentido, ela não pode ser considerada como o único elemento central no telejornalismo. A bibliografia consultada

evidencia que o texto deve ser pensado em relação às imagens, complementando-as.
4. O primeiro cuidado é evitar a redundância, ou seja, não detalhar no texto o que o telespectador tem condições de identificar sozinho ao observar as imagens. Também não se deve usar uma informação no texto que não condiz com o que se pode ver nas imagens. Outro cuidado é não incluir na reportagem detalhes de situações sobre as quais não se obtiveram imagens suficientes. Por fim, deve-se buscar a coerência na transição entre as cenas internas e externas ao longo do VT.
5. De acordo com as informações apresentadas ao longo do capítulo, é possível perceber que uma das principais estratégias implementadas pelas emissoras de TV para corrigir os rumos em relação à audiência é a realização de pesquisas qualitativas. Por meio delas, mais do que números, é possível obter informações mais detalhadas sobre as preferências do público. Uma das técnicas citadas no texto é a formação de grupos focais.

Questões para reflexão

1. Resposta esperada: ao se produzirem textos para reportagens e/ou *links* sobre assuntos de caráter mais técnico e/ou específico, é preciso dar ênfase a características do texto de TV, tais como: uso de linguagem audiovisual, adoção do tom de conversa e o fato de o público de televisão ser vasto e bastante diversificado. Isso é necessário porque, ao se abordar um assunto tão específico e até mesmo denso, como o PIB, é preciso harmonizar texto e imagens, buscando-se sempre favorecer a compreensão do público (por exemplo, usando-se comparações que ajudem a explicar o tema); valorizar a "conversação" com o público, pois isso pressupõe, além do tom, uma preocupação com a capacidade de entendimento de quem está do outro lado da tela; por fim, jamais esquecer a pluralidade de pessoas (em vários sentidos, tais como idade, classe social, gênero e grau de instrução) que acompanham a programação, com a consciência de que não se pode "deixar para

trás" nenhuma delas, ou seja, é necessário encontrar um denominador comum e garantir que todos compreendam o assunto da reportagem.
2. Resposta esperada: essa resposta é relativamente mais complexa, pois existem considerações prévias a serem feitas. No cotidiano do telejornalismo, é preciso articular as duas questões. Dito isso, vamos avançar: se a transmissão é ao vivo, não existe garantia de que as mesmas pessoas que acompanhavam o *link* há um minuto seguirão na audiência após cinco ou seis minutos. Da mesma forma, quem passou a acompanhar a transmissão somente nos últimos dois minutos, provavelmente ignora o conteúdo apresentado no início do vivo. Assim, não se deve exatamente ficar descrevendo a situação de maneira repetitiva. Entretanto, se a transmissão se estender por mais tempo que o habitual, será necessário retomar brevemente o assunto do vivo para situar os telespectadores que, por exemplo, podem ter acabado de ligar a televisão. Porém, isso é diferente de descrever imagens que as pessoas estão vendo com os próprios olhos, o que sempre deve ser evitado; também não é o mesmo que repetir um texto decorado de maneira ininterrupta durante a transmissão. A partir do momento em que o *link* se alonga (o que é algo excepcional, mas pode ocorrer), o que se espera do repórter é que ele tenha a capacidade de incrementar a transmissão, até mesmo buscando um tom mais interpretativo (enfatizando para as pessoas o que aquilo significa, por exemplo), procurando relacionar a situação a outras anteriores, esclarecendo eventualmente aspectos e implicações legais, entre outras possibilidades. Em outras palavras, é preciso superar a dimensão factual, uma vez que o fato está dado e televisionado, e oferecer um conteúdo mais qualificado à audiência. Contudo, se a transmissão ao vivo foi ampliada de maneira repentina, significa que isso não estava programado. Logo, não estava pautado e o jornalista, provavelmente, não esperava tratar daquele tema. Como, então, é possível estar preparado para abordar um tema que não estava pautado? Por essa razão, buscamos destacar, neste livro, que todo profissional de televisão (assim como se espera de qualquer

jornalista em geral) deve estar em compasso com a realidade, sempre buscando estar o mais informado possível sobre tudo.

Capítulo 2

Questões para revisão

1. O comentário pode ou não ser feito por um jornalista e é possível utilizá-lo na repercussão de coberturas especiais ou, ainda, para gerar análises sobre temas atuais e/ou polêmicos. A crônica, geralmente, aborda temas atuais e do cotidiano, mas por meio de uma linguagem que se aproxima da literatura e do cinema. O editorial é usado para manifestar a opinião da emissora, normalmente, na defesa de interesses e/ou para demarcar pontos de vista da instituição a respeito de temas que repercutem na opinião pública.

2. No caso de não contar com as imagens necessárias para ilustrar a apresentação de determinadas informações no texto da reportagem, o jornalista pode usar esses dados para gravar uma passagem; solicitar uma arte ilustrativa para o setor de infografia; ou, ainda, acrescentar uma nota-pé à lauda – caso as informações não sejam imprescindíveis no texto.

3. c
   Justificativa: a característica mencionada na afirmativa II não está relacionada à clareza, mas à concisão: capacidade de elaborar as frases com o máximo de informações usando o mínimo de palavras, o que favorece a compreensão por parte do público, tendo em vista a necessidade de as informações serem assimiladas no exato momento em que são apresentadas.

4. d

5. c
   Justificativa: a alternativa "c" é a correta por ser a única em que foram contemplados os dois critérios propostos no enunciado: melhorar a sonoridade (excluindo-se os "ãos" das frases) e preservar o conteúdo

das informações. Somente essa alternativa não exclui aspectos referentes ao marceneiro e sua nova profissão.

Questões para reflexão

1. Resposta esperada: o compromisso ético com relação ao que é apresentado ao público não deve ser ignorado. Nesse sentido, qualquer falha e/ou imprecisão deve ser imediatamente corrigida, a fim de reduzir ao máximo o prejuízo de compreensão da audiência. É claro que tal correção deve ser acompanhada da devida justificativa, no caso, um erro cometido pelos membros do Ministério Público. Entretanto, nunca é demais lembrar, a respeito desse tópico, a necessidade de checar exaustivamente as informações (mesmo as que vêm de fontes oficiais) antes de levá-las ao público. Quando se trata de apuração jornalística, é importante notar que ninguém está livre de cometer eventuais equívocos. Dessa forma, quanto mais meios são usados para confirmar uma informação, menor é a possibilidade de cometer erros.

2. Resposta esperada: quando o assunto não é tão factual e/ou de cunho eminentemente informativo, mas é inusitado a ponto de suscitar a cobertura jornalística, o mais indicado é trabalhar com formatos mais leves. De acordo com as alternativas do exercício, seria adequado produzir uma crônica a respeito do assunto. Como existe uma grande variedade de imagens (e a crônica exige isso por permitir que o texto ganhe um viés mais literário), a abordagem seria uma oportunidade de produzir um conteúdo mais interessante e menos engessado para o telejornal. Algumas pessoas podem defender que se faça uma ampla investigação jornalística sobre os animais silvestres que passam a avançar sobre as áreas urbanas etc. Porém, não devemos esquecer que, segundo o enunciado do exercício, trata-se de somente um macaquinho – o que só justificaria a segunda opção de abordagem se existissem outros casos semelhantes recentes e em quantidade considerável.

Capítulo 3

Questões para revisão

1. Entre os itens que podem ser citados estão: acompanhar o desdobramento dos fatos que já são objeto de cobertura pela emissora ao longo do dia, pois sempre pode acontecer algo de última hora; manter um contato harmonioso e respeitoso em relação ao público; precisar substituir uma pauta que caiu ou alterar uma marcação; não se esquecer de indicar sugestões de imagem na pauta; planejar o deslocamento das equipes sem que uma marcação prejudique a outra.
2. c
3. b
4. Entre as questões que podem ser citadas estão: checagem de fatos, que é importante para atestar a veracidade das informações a serem apresentadas no telejornal; busca de notas-retorno para garantir a manifestação de todas as pessoas e/ou instituições citadas em uma reportagem; e manutenção de uma agenda para o acompanhamento das pautas futuras, uma vez que o telejornalismo precisa trabalhar com o mínimo de previsibilidade.
5. c
   Justificativa: a afirmação I aborda a importância do caráter testemunhal das reportagens; a III se refere à humanização dos materiais telejornalísticos. Trata-se de aspectos válidos e desejáveis no cotidiano da TV. Entretanto, a alternativa II sugere que não deve existir nenhuma preocupação ao se selecionarem personagens para as matérias de televisão, o que não condiz com a realidade.

Questão para reflexão

1. Resposta esperada: a seleção de personagens para as reportagens e outros materiais jornalísticos deve sempre incluir a preocupação ética e com a preservação da integridade das pessoas retratadas no telejornal. Se tal aspecto não foi desenvolvido/aplicado pelos profissionais que antecederam o trabalho do editor, isso não significa que ainda não deva

ser feito. No enunciado do exercício, fora as personagens que desempenham funções de caráter público, é recomendável que seja feita uma avaliação criteriosa a respeito de ao menos duas fontes: a mulher que mudou de cidade e a idosa viúva. Isso é necessário porque ambas estarão se expondo na televisão para tratar de aspectos bastante delicados e a equipe jornalística, por si só, não terá o condão de assegurar a integridade das duas. No caso da viúva, o que garante que um parente vivo do ex-marido violento não queira vingar-se dela depois de acompanhar a reportagem na TV? A outra mulher, que mudou de cidade para fugir de um cônjuge agressor, estará em risco também com a exposição. O fato de nenhuma das duas ter manifestado temor em ser identificada não significa que o risco não exista. Logo, se a equipe de reportagem não pode garantir a segurança das personagens, deve reduzir a possibilidade de que elas venham a ser identificadas e atacadas no futuro. A partir do momento em que um jornalista expõe algo sobre a vida de uma pessoa, sempre assume certa parcela de responsabilidade.

Capítulo 4

Questões para revisão
1. É necessário registrar que as autoras citadas foram muito assertivas na afirmação destacada, uma vez que o bom entrevistador, antes de tudo, é aquele que presta atenção ao que diz o entrevistado. Mais do que ter uma lista pronta de perguntas, é preciso que o repórter esteja bem informado e que entenda a importância e o interesse público envolvidos no tema reportado. Entretanto, além desses dois aspectos, é necessário desenvolver a habilidade de escuta durante a entrevista. Isso porque o repórter pode aproveitar um momento em que o entrevistado titubeia, por exemplo, para talvez fazer a pergunta mais importante da reportagem em questão: aquela que é totalmente esclarecedora; aquela em que a fonte confessa a participação em determinado escândalo; ou, ainda, aquela que garante um furo jornalístico diante

da concorrência. Mas, para ter condições de aproveitar esses raros momentos, pois, em geral, as fontes buscam estar bem preparadas para a entrevista, é preciso estar muito atento ao que o entrevistado diz.
2. O repórter é aquele que conhece todo o processo envolvido na elaboração da reportagem antes de ela chegar à edição; ele leu a pauta, fez as entrevistas, acompanhou e orientou a captação de imagens. Dessa maneira, o ideal é que o próprio repórter escreva a cabeça porque ele é quem sabe como o VT começa e como deve introduzir o assunto, sem repetir nenhuma informação. Além disso, essa é uma maneira de "economizar" o esforço dos editores, que já têm muitas outras atribuições e, em alguns casos, precisariam até rever o material para ter condições de escrever uma boa cabeça. Não se deve esquecer que o trabalho em TV tem de ser desenvolvido sempre em equipe, por meio de etapas que se sucedem.
3. b
4. e
5. d

Questão para reflexão

1. Resposta esperada: se o principal entrevistado não foi ouvido pela equipe e ninguém alertou o editor-chefe sobre isso, em primeiro lugar, há uma falha de procedimentos. Não é qualquer entrevistado nem é qualquer VT: é o assunto do dia. Logo, qualquer falha a respeito do material deve ser comunicada aos superiores para que sejam buscadas algumas alternativas, como entrevistar um representante legal ou registrar alguma manifestação pública da fonte sobre o tema. Porém, supondo-se que nada disso tenha sido efetivado, não há como simplesmente não usar o material mais importante do dia! Desse modo, uma solução emergencial seria tentar obter uma declaração por telefone ou um vídeo enviado por um aplicativo de mensagens ou combinar um *link* com o entrevistado. Não sendo possível localizar o entrevistado, é necessário acrescentar ao VT uma nota-pé mencionando que a fonte

em questão agendou uma entrevista com a emissora, mas não compareceu nem atende às ligações dos jornalistas. Apesar dessa medida, é importante enfatizar que a fonte (ou um representante legal dela) deve ser entrevistada pessoalmente o mais rapidamente possível.

Capítulo 5

Questões para revisão

1. d
2. b
3. c
4. Sempre que se precisar utilizar uma nota-retorno ou uma nota oficial no telejornal, será necessário fazer uma adaptação do texto desses documentos. Isso ocorre porque se deve preservar o teor dessas notas, sem alterar o sentido de seus argumentos, mas com o cuidado de que as pessoas que acompanham o jornal consigam compreender a informação transmitida.
5. Autores como Heródoto Barbeiro e Paulo Rodolfo de Lima advertem que o TP e o ponto eletrônico são somente ferramentas de trabalho e que o apresentador não deve confiar totalmente na eficácia destas. No caso de falhas sucessivas nesses aparatos, com o telejornal no ar, o apresentador precisará exercer sua habilidade e executar sua função mesmo sem contar com esses equipamentos.

Questão para reflexão

1. Resposta esperada: como o enunciado do exercício destacou, o responsável pelo telejornal, além de suas atribuições jornalísticas, também precisa estar preocupado com a audiência e com a concorrência. Isso porque um desempenho melhor perante os concorrentes pode ser determinante para conseguir ampliar o público do telejornal. Ademais, se o programa tem boa audiência, atrai mais anunciantes e, por conseguinte, mais recursos são investidos na produção jornalística, que,

então, pode "respirar" sem temer cortes. Logo, colocar o principal VT da edição no ar assim que o telejornal começa é um desperdício de material, pois, se o telejornal entrou no ar antes da hora, é possível que nem todas as pessoas que costumam acompanhar o programa já estejam posicionadas em frente à TV. Além disso, o uso de *teasers* durante a programação colabora para ampliar a expectativa, o que pode contribuir para atrair mais público para a emissora. Se essa estratégia funcionar e o conteúdo apresentado for bom o bastante, será possível, até mesmo, pensar em uma ampliação no número de telespectadores – o que é bastante desejável. Lembre-se: nem sempre quem sai na frente na divulgação de um VT conseguirá obter os melhores resultados perante a audiência.

Capítulo 6

Questões para revisão

1. De maneira geral, a resposta deve mencionar ao menos a questão da multifuncionalidade do jornalista no cenário atual. Além de desempenharem mais de uma função ao mesmo tempo, os profissionais precisam adaptar os processos à produção multiplataforma. Se os meios estão convergindo, parece lógico supor que as atividades rotineiras do jornalista também passarão a refletir isso.
2. Entre as questões que podem ser citadas está o uso de câmeras portáteis e de imagens obtidas por meio de dispositivos como celulares inteligentes, além da utilização das câmeras 360°. É importante relacionar os exemplos apresentados às iniciativas que já vêm sendo observadas nos telejornais e programas com viés informativo.
3. a
4. b
5. c

Questão para reflexão

1. Resposta esperada: em primeiro lugar, é necessário destacar que não existe uma solução definitiva para essa questão. Isso porque as mudanças ilustradas no enunciado da questão ainda estão em andamento e, também, porque essas reflexões sempre deverão acompanhar os futuros profissionais no decorrer de suas carreiras. A mesma tecnologia que encurta processos e facilita a veiculação de conteúdos no jornalismo também reduz postos de trabalho no mercado profissional e precariza a atividade. Entretanto, em um cenário novo, não se pode ignorar que os processos de convergência também favorecem, em certa medida, que novos caminhos profissionais se abram aos jornalistas em formação. Antes de pensar sobre a profissão em termos de eventual sobrecarga (o que é relativo, tendo em vista que o mundo também passa por transformações), é necessário reconhecer as múltiplas potencialidades que a profissão assegura atualmente.

Sobre os autores

Aline de Oliveira Rios é mestranda em Jornalismo pela Universidade Estadual de Ponta Grossa (UEPG), especialista em Mídia, Política e Atores Sociais e graduada em Jornalismo pela mesma instituição. Por cerca de dez anos, atuou em jornais impressos diários e revistas de âmbito regional e, mais recentemente, como produtora e editora-chefe de um programa telejornalístico da Rede Massa, afiliada ao Sistema Brasileiro de Televisão (SBT), no Paraná. Representa o Paraná na Comissão de Mulheres Jornalistas da Federação Nacional dos Jornalistas (Fenaj).

Dirk Lopes é pós-graduado em Agronegócios para Profissionais de Comunicação pela Universidade Federal do Paraná (UFPR) e em Narrativas Audiovisuais e Novas Mídias pelo Centro Universitário Autônomo do Brasil (UniBrasil); e graduado em Comunicação Social – Jornalismo pela UFPR. Acumula 28 anos de experiência em jornalismo, grande parte dedicada à Rede Paranaense de Comunicação, afiliada à Rede Globo de Televisão no Paraná. Entre as passagens que coleciona por vários veículos de comunicação estão a participação na equipe responsável pela cobertura da Operação Lava Jato, o trabalho como produtor durante a Copa do Mundo em 2014 e a atuação como editor no *Fantástico*.

Silvia Valim é mestre em Comunicação pela Universidade Federal do Paraná (UFPR), especialista em Jornalismo Literário pela Academia Brasileira de Jornalismo Literário (ABJL) e graduada em Jornalismo pela Universidade Positivo (UP). Atuou como repórter, editora de texto e apresentadora em diferentes emissoras de rádio e TV, tendo atuado mais recentemente como repórter da RICTV – Rede Record no Paraná. Tem experiência em coberturas internacionais, como o Conclave que elegeu o Papa Francisco. Foi editora e correspondente da TV Telesur, em Caracas, na Venezuela. É professora universitária e coordenadora de pós-graduação.

Impressão:
Março/2021